Herstellung und Verlag:
BoD - Books on Demand, Norderstedt
ISBN 978-3-7357-8522-0

*Musik wird oft nicht schön gefunden,
weil sie stets mit Geräusch verbunden.*

Wilhelm Busch

*Vielen Dank allen Musikerinnen und Musikern
und all denen, die Coverbands unterstützen.
Ohne Euch wäre dieser Text nicht entstanden.*

Das ist Euer Buch, denn Ihr habt den Stoff dazu geliefert.

Viel Spaß beim Lesen

Berko Härtel

Gifhorn, im März 2014

Inhaltsverzeichnis
Einleitung

Kapitel 1) Die Ursprünge
Wer als Kind mit Textpassagen wie „der Teufel wird Dich erwischen" malträtiert wurde, wird kaum als Erwachsener in der Adventszeit weihnachtliche Gestecke basteln.

Kapitel 2) Die Instrumente: Schlagzeug
Fortan trommelt es Tag und Nacht aus dem Keller, und aus dem pausbäckigen gesunden Bübchen mit reichlich Babyspeck an der Hüfte wird im Laufe der Jahre ein blassbleicher Grufti mit langen Haaren und gehetztem Blick.

Kapitel 3) Die Instrumente: Bass
Außerdem hat eine Bass-Lautsprecherbox die Ausmaße eines Jumbo-Kühlschrankes, in dem jeder Wiesn Wirt seinen Hendlvorrat für das Oktoberfest unterbringen könnte.

Kapitel 4) Die Instrumente: Rhythmusgitarre
Rhythmusgitarristen haben mit der Fingerfertigkeit oft Probleme, weil sie ihre handwerklichen Grenzen schon beim Einschlagen eines Nagels oder beim Tapezieren der Wohnstube erreichen.

Kapitel 5) Die Instrumente: Lead- bzw. Sologitarre
Als die Leadgitarre spürte, welche Wirkung sein Gitarrenspiel auf sein persönliches Umfeld und speziell auf die hübsche Nachbarstochter hatte, wollte er mehr, und zwar von der Gitarre und dem Mädel.

Kapitel 6) Weitere mögliche Instrumente
Um aus einem Saxophon vernünftige Töne herauszuholen, die nicht nach „Ente schnattert auf dem Dorfteich" klingen, muss man vorher üben.

Kapitel 7) Der Gesang
Schon in jungen Jahren trällert er im Gesangsunterricht derart herzerweichend, dass einem das Wasser sintflutartig in die Augen schießt.

Kapitel 8) Zusammenfinden der Bandmitglieder
Das ideale Milieu für das Zusammenfinden einer künftigen Coverband ist also das Zusammentreffen von Freibier mit Krawallband im Jugendzentrum.

Kapitel 9) Der Probenraum
Es muss also ein Raum her jenseits der bewohnten Zivilisation, wo weder andere Menschen noch schützenswerte Tiere verkehren.

Kapitel 10) Die Probe
Die Frage der Mucker nach der Qualität ihrer gerade gezeigten Darbietung kann er wahrheitsgemäß nicht beantworten, da er den nachgespielten Song einfach nicht erkannt hat.

Kapitel 11) Der erste Auftritt
Kurz - alle haben vor ihrem ersten Auftritt dermaßen die Hosen voll, dass man den Probenraum alternativ mit Methan heizen könnte.

Kapitel 12) Die Performance
Schon am Outfit lässt sich erkennen, nicht alle Wahnsinnigen sind wirklich in ärztlicher Behandlung.

Kapitel 13) Das Publikum
Bei katholischen Gemeindefesten sollte die Band auf das sonst oft zu allgemeiner Heiterkeit führende Kondomaufblasen verzichten.

Kapitel 14) Der Veranstalter
Ein schlechter Veranstalter bricht schon beim ersten Telefongespräch mit der Band in Tränen aus und anschließend zusammen.

Kapitel 15) Die Medien
Jeder, der mit Tipp-Ex und Minipinsel seine Tippfehler eliminieren musste, weiß, wie lange es dauert, bis das Zeug trocken ist und man weitertippen kann, ohne sich das Farbband zu versauen.

Kapitel 16) Der Manager
Zudem hat der Typ ein Sixpack teures Markenbier unterm Arm, das er generös an die Band verteilt. Ein aussagekräftiges Argument, das kaum zu widerlegen ist.

Kapitel 17) Groupies
Als Groupie wird allgemein eine Person bezeichnet, deren vorrangiges Anliegen es ist, sexuell mit einem Star aus Musik, Kunst und Kultur zu verkehren.

Kapitel 18) Die Demo CD/Studio Aufnahme
Der Kassetten-Mitschnitt der letzten Probe bringt nämlich nur wenig Erfolg, wenn neben dem saumäßigen Solo der Leadgitarre auch noch die Abgasgeräusche des Rhythmusgitarristen auf dem Tonband zu hören sind.

Kapitel 19) Der Fototermin
Ein Heavy-Metal-Musiker muss dagegen Zeit haben, sich durch den unbeschränkten Genuss von Opiaten und den Verzicht auf Sonnenlicht nennenswerte Augenringe und eine standesgemäße Totenblässe anzueignen.

Kapitel 20) Größenwahn und Parallelwelten
Das bis dato einfache Ausleihen einer Porno-CD in der örtlichen Videothek avanciert zur Mutprobe, wenn die bis dahin schützende Anonymität nicht mehr gegeben ist.

Kapitel 21) Lebenspartner
Man glaubt es kaum, aber auch die durchgeknalltesten Covermusiker haben manchmal Lebenspartner. Was verwundert, denn das Zusammenleben mit einem Musiker ist wahrlich kein Leben auf dem Ponyhof.

Kapitel 22) Zum Schluss
Wenn der Covermusiker dann nach dem Gig im Morgengrauen auf der Terrasse sitzt und bei einer letzte Zigarette der Sonne beim Aufgehen zuschaut, klingelt und pfeift es immer noch in den Ohren.

Einleitung

„Der Mensch besitzt einen angeborenen Nachahmungstrieb (Mimesis) und alle Menschen haben Freude an der Kunst der Nachahmung".

Diese dramentheoretischen Merkmale hat der griechische Philosoph Aristoteles schon um 335 vor Chr. festgehalten. Wahnsinn, schon in der Antike war das Nachahmen erlaubt und bekannt. Auch wenn es zu dieser Zeit wohl noch gar keine nachahmenswerten Rockgruppen gab, bis auf die Rolling Stones natürlich.

Wer also heutzutage eine Band nachahmt, folgt nach Aristoteles somit der allgemeinen Mimesis. Daraus könnte man den phonetischen Rückschluss ableiten, dass Musiker einer Nachahmungsband Mimosen wären. Das kommt sicher vor, ist aber allgemein betrachtet wohl etwas übertrieben.

Aktuell werden Nachahmungsbands neudeutsch als Coverband bezeichnet. Das englische Wort „Cover" wird nach deutschem Wörterbuch mit dem Begriff „Abdecken" übersetzt. Das Wort Coverband heißt somit genau betrachtet im Deutschen „Abdeckmusikkapelle", und ein aktives Mitglied dieser Vereinigung wäre demnach ein „Abdeckmusiker". Eine fragwürdige Bezeichnung, die zudem nicht gerade nach zu erwartenden Weltruhm klingt.

Der Begriff Mimose wird dagegen häufig metaphorisch für zarte, empfindsame und sensible Zeitgenossen verwendet. Gerade junge moderne Frauen fordern diese Charaktereigenschaften heute immer häufiger von möglichen Geschlechtspartnern. Männer, die in einer Coverband Musik machen und auf der Suche nach paarungswilligen Frauen sind, sollten sich bei der persönlichen Vorstellung also auf Aristoteles berufen, wenn sie ihre Chancen erhöhen wollen. Man weiß es nicht mit Sicherheit, aber es ist davon auszugehen, dass eine Mimose einem Abdecker als möglicher Sexualpartner vorgezogen wird.

Es gibt übrigens auch noch sogenannte „Tribute" Bands. Das englische Wort „Tribute" bedeutet im Deutschen „anerkennend" und „ehrend". Manche „Tribute" Band sollte sich also überlegen, ob sie ihren Idolen, denen sie „anerkennend" nacheifern wollen, ob ihrer eigenen Fähigkeiten wirklich „ehrend" genügen.

Das ist ja schon mal zur Einleitung eine rhetorische Keule! Trotzdem bitte weiterlesen und keine Angst. Es werden zwar weitere Keulen ausgeteilt, aber versprochen: körperlich gefühlter Schmerz ist nicht die Folge.

Die einleitenden Zeilen zu dem hier vorliegenden Text sollen zeigen, dass diese Niederschrift zum Lachen anregen soll. Doch damit allein nicht genug, es ist nämlich auch ein Fachtext. Fachtext deshalb, weil ein außergewöhnliches Verhalten – nämlich das Kopieren und Nachspielen von Musik – aus professioneller Sicht genauer betrachtet wird. Covern kann nicht jeder, denn dafür braucht Mann und Frau Mut, Willen und fachliche Einsichten. Und ein bisschen Verrücktheit kann auch nicht schaden.

Wer das noch nicht hat und zum Beispiel Covermusiker werden will, kann sich mit dem vorliegenden Text schlau machen und sich Fachkenntnisse anlesen. Obendrauf gibt es auch noch jede Menge Insidertipps, denn der Autor ist selber seit Jahren mäßig erfolgreicher Covermusiker und hat somit am eigenen Leib erfahren, was hier geschildert wird.

Wer allerdings überhaupt keine Lust hat, Covermusiker zu werden, weil er sich mit etwas Sinnvollerem und Nützlicherem beschäftigt wie zum Beispiel der Zahnheilkunde oder der Klempnerei, kann trotzdem weiterlesen und sich köstlich amüsieren über die seltsamen Begebenheiten und Geschichten, die Covermusiker im Laufe der Karriere so erleben. Beim Zahnarzt oder Kloreparieren

hat man dagegen ja meist nichts zu lachen.
Coverbands verschiedenster Stilrichtungen gibt es in Unmengen im ganzen Land. Ob AC/DC oder ZZTop, keine halbwegs bekannte populäre Band ist vor den Nachahmungsversuchungen kopierfreudiger Musikkapellen wirklich sicher. Sie lärmen auf Stadtfesten, Oldtimer- und Motorradclubtreffen, Straßenparties, Verkaufsveranstaltungen in Autohäusern oder Fußgängerzonen, ja selbst Hochzeiten werden von Coverbands benutzt, um ahnungslosen Gästen einen Tinnitus ins Ohr zu blasen.
Die musikalische Qualität der Darbietungen spielt dabei manchmal nur eine untergeordnete Rolle. Hauptsache, es rockt ordentlich – meint: es muss laut sein. Nach dem Motto „Wer leise covert, kann nichts" werden Gitarren unter Strom gesetzt und mit möglichst wattstarken Verstärkern verdrahtet, die allesamt nach der englischen Einstellung justiert sind, nämlich alle Regler an der Anlage auf Anschlag.

Jeder motivierte Schlagzeuger drischt beim Gig dermaßen auf seine Trommeln ein, das die Sticks brechen. Wenn jetzt noch ein psychotischer labiler Keyboarder Mitglied der Band ist, ist das Audiochaos perfekt, denn auch der kann mittels Regler „lauter". Das wiederum fordert vom Gesang, die Grundsätze harmonischer

Melodielinien sausen zu lassen und derart ins Mikro zu schreien, als wäre er in den Klauen eines urzeitlichen Reptils gefangen. Mit unbeschreiblichem Getöse wird auf der Bühne ein Soundgewitter abgefackelt, dessen Lautstärke wahrscheinlich nicht mal ein startender Jumbo übertönen könnte. Das der geneigte Zuhörer bei dem Radau kaum noch erkennt, ob es sich bei der Darbietung um ein Stück von den Beatles oder eventuell sogar Tony Marshall handelt, scheint klar. Wohl dem, der geeigneten Ohrschutz sein eigen nennen kann.

Aber nicht alle Covermusiker sind ausgewiesene Dilettanten. Im Gegenteil, einige nehmen ihre Berufung, die Musik ihrer Vorbilder nachspielen zu müssen, sehr ernst. Da werden Tonleitern exakt und haargenau wie auf der Original CD nachgespielt, selbst wenn man sich dazu jahrelang in den Keller einschließen muss, um das genauso einzuüben. Natürlich entspricht auch das Equipment möglichst 100 Prozent dem Original. Die Gitarre wird im Endorser Shop komplett an die Originalvorlage angepasst; sogar die Abnutzungsmerkmale vom häufigen Gebrauch werden eingearbeitet.

Jeder kann sich vorstellen, wie schwer gestört man sein muss, sich für teuer Geld ein neues Instrument zu kaufen, das aber so abgenudelt aussieht, als hätte darauf schon Walther von der Vogelweide im

Mittelalter seinen Minnegesang komponiert.

Nicht nur die musikalischen Erkennungszeichen der verehrten Abgötter werden adaptiert, es gilt das gesamte Erscheinungsbild sowie möglichst auch die Lebensumstände seiner Helden nach zu vollziehen. So wurden bekennende Nichtraucher auf einmal zu Dauerquarzern, nur weil ihr Idol noch nie ohne Kippe im Mundwinkel gesehen wurde. Heavy Metal Fans, die bis dato nur Buttermilch konsumiert haben, kippen sich plötzlich literweise Jägermeister hinter die Binde, weil dieses Getränk der Sage nach zu außergewöhnlichen Songs inspirierte.

Zum Friseur geht dann keiner mehr und Drogen jeglicher Art werden salonfähig, denn nur mit Struwwelpeter-Mähne und Bewusstseins erweiternden Substanzen in der Rock`n Roll-Birne stellt sich das wahre Fan-Feeling ein. Legenden berichten von eingeborenen Sachsen, die feige ihren ursprünglichen Dialekt verleugnet haben und nur noch Kanadisch wie ihre Vorbilder sprachen.

Es folgen irrwitzige modische Erscheinungen, die von der Industrie Umsatz fördernd auf den Markt geworfen werden. Billige Lederjacken kosten dann ein Vermögen, wenn ein Bandabzeichen aufgedruckt wurde, ein Flanellhemd, das gern getragene Kleidungsstück hart arbeitender Rockmusiker mit Status gerechten Alkohol- und Drogenproblemen, erfordert das Jahresgehalt eines Bankmanagers. Und eine Jeanshose ist erst dann eine richtige Jeanshose, wenn sie nur noch von Sicherheitsnadeln zusammen gehalten wird und standesgemäß im Schritt schmerzhaft einschneidet.

Man fragt sich unweigerlich, wie kann so etwas passieren. Wo liegen die Gründe, dass bis dahin eigentlich nützliche Mitglieder unserer Gesellschaft zu willenlosen Mutanten abgehalfterter oder bereits verstorbener Musiker werden. In den folgenden Zeilen wird das Phänomen Covermusiker erklärt. Wer ist eigentlich Covermusiker und warum. Was will er oder sie und warum kann man schlecht helfen.
Dazu kehren wir zurück zu den Ursprüngen, begleiten die Musiker bei ihren ersten musikalischen Schritten und nehmen teil an ihren Erfahrungen und Erfolgen.
Am Ende weiß somit der Leser oder Leserin, wie sich so eine Katastrophe verhindern lässt. Oder aber auch, was zu tun ist, um genau in diese Katastrophe zu schlittern.

Übrigens, aus Gründen der Vereinfachung und Lesbarkeit ist zumeist die männliche Form im Text gewählt worden. Dies soll keine geschlechterspezifische Benachteiligung darstellen. Im Gegenteil, Cover-Musikerinnen sind genauso wie die Kerle gestört!

Kapitel 1)

Die Ursprünge

Der erste Kontakt mit Musik findet mittels Spieluhr völlig unspektakulär in frühester Jugend statt. Kaum das das Neugeborene aber merklich auf Töne reagiert, erfolgt eine Beschallungsmaßnahme der Lieblingsband eines Elternteils. Je nach Vorliebe von Papa oder Mama werden hier die unausweichlichen musikalischen Wurzeln gesetzt und die später bevorzugte Musikrichtung und Stil eingebrannt. Glück hat dabei wohl derjenige, der nicht von Blasmusikanten oder einer Schlagervorliebe für Peggy March beschallt wurde.

Es stellt sich aber auch die Frage, was aus dem Nachwuchs werden soll, wenn einem wenige Monate alten Baby dreiundzwanzig Stunden am Tag Trash Metal der übelsten Sorte vorgedröhnt wird. Wer als Kind mit Textpassagen wie „der Teufel wird Dich erwischen" oder „das Böse ist allgegenwärtig" malträtiert wurde, wird kaum als Erwachsener in der Adventszeit weihnachtliche Gestecke basteln.

Fakt ist, irgendwann ist das Virus Musik unauslöschbar implantiert. Von da an geht eigentlich nichts mehr ohne Musik, und zwar den lieben langen Tag lang. Das musikalische Menü wird dabei von den Erziehungsverantwortlichen bewusst breit gestreut.

Morgens geweckt wird der kleine Erdenbürger in den ersten Lebensjahren von der Band Rolf Zuckowski und seinen Freunden, zum Mittag folgt dann ein bisschen Pop von Lady Gaga und Deutschrock von Westernhagen. Wenn am späten Nachmittag der Papa von der Arbeit wieder zuhause ist, finden sich abwechselnd Schwermetall-Kapellen wie Judas Priest oder Kiss in der heimischen Musikanlage.

Kurz vorm Schlafengehen folgen die Eltern dann noch ihrem pädagogischen Auftrag und spielen ihrem Liebling noch die Klassik CD vor. Die gab es kostenlos dazu, als der Herd mit Induktionsschleife geliefert wurde. Der von soviel unterschiedlichen musikalischen Klängen und Stilrichtungen im Hirn total geschaffte Säugling fällt kaum im Bett dann sofort in einen komatösen Zustand, was die Eltern fälschlicherweise zu der Fehldiagnose verleitet: Musik beruhigt und entspannt.

Mit knapp fünf Lebensjahren hat der Nachwuchs mit nahezu allen auf unserem

Planeten verfügbaren Musikstilen und -richtungen Kontakt gehabt. Ob südamerikanische Samba, afrikanische Lieder der Massai, indische Meditationsstücke der Fakire oder walisische Folklore von Whiskey saufenden Rotschopfen, nichts ist ihm fremd. Er kennt sich aus in der Welt des Rock`n Roll ebenso aus wie im Heavy Metal, Blues, Schlager, Pop und der Volksmusik. Die Namen von populären Musikern und Bands kennt er besser als seinen Body-Mass-Index. Was nun folgt, ist unausweichlich und nicht zu verhindern. Er beschließt nämlich, selbst Musiker zu werden.

Die erste Hürde, die jeder angehender Musiker nehmen muss, ist die Auswahl des zu ihm passenden Instruments. Dies ist ein äußerst komplexer Vorgang, wer meint, dieses Problem mit einer schnöden Probestunde beim Instrumenten Karussell (das gibt's wirklich!) der örtlichen Musikschule lösen zu können, irrt gewaltig. Alte Musikerweisheit: nicht du findest dein Instrument, sondern dein Instrument findet dich.

Kapitel 2)

Die Instrumente: Schlagzeug

Aber wie geht so was ab, wie findet mich mein Instrument? Nun, fangen wir mal mit dem Schlagzeug an.
Spätere Schlagzeuger wachsen in der Regel bei allein erziehenden Müttern auf. Das arme Kind ist wahrscheinlich das Ergebnis einer Liebelei im Rahmen einer pädagogischen Fortbildung auf Korsika, die unsere Mutter im Rahmen ihres Sozialstudiums im vierten Semester absolviert hat. Dort hat sie nämlich einen netten schwarzhaarigen Franzosen kennengelernt, der ihr erfolgreich vorgegaukelt hat, er würde ihre Stress reduzierende Rhythmusarbeit auf der afrikanischen Konga wahnsinnig toll finden.

Ob der Komplimente des paarungswilligen Charmeurs verzehrt sich die so hoch gelobte Dame nach Körpernähe. Nach dem Verzehr eines Tetrapaks mit Rotwein geht's zur Sache und sie bedankt sich bei ihm, in dem sie ihm ihren zu der Zeit ansehnlichen Körper zur Verfügung stellt.

Genau so hatte der Franzmann das geplant und man verbrachte sehr schöne zwei Wochen miteinander. Selbstverständlich ist die Beziehung nicht von Dauer, denn leider – leider muss der Franzose aus Patriotismus in die Fremdenlegion, weil er sich nur dort kreativ entfalten kann. Das behauptet er jedenfalls.

Zurück in der Heimat wird das Kind geboren, das sich schon in zartem Babyalter von einigen Monaten der Rhythmik verschreibt. Es wacht nachts regelmäßig zu Unzeiten nach kurzen Schlafintervallen auf und verlangt lautstark nach der Mutterbrust. Auch das Auffüllen der Windel, der Erbrechen von ungeliebten Speisen oder auch unbegründetes Rumgreinen wird nach rhythmischen Grundmustern erledigt. Irgendwann folgt das Schlagen mit Kochlöffeln auf küchenübliche Römer- und Schnellkochtöpfe.

Das Virus Schlagzeug ist nun im Körper des Heranwachsenden und lässt sich kaum noch entfernen. Zumal seine Mutter ihn tatkräftig unterstützt, in dem sie beim Spielen mit feuchten Augen zuschaut, weil der Radau Erinnerungen an vergangene korsische Nächte weckt. Besucher von Mutter und Kind bekommen erst dann eine Tasse Tee serviert, wenn sie sich erbarmt haben, eine kurze Präsentation des Drummers über sich ergehen zu lassen.

Am schlimmsten trifft es die Großeltern, diese müssen sich einige Jahre in Folge immer zu Weihnachten den Song „Oh little Drummerboy" auf den Kochgeräten anhören.

Problem ist nämlich, das Opa und Oma weder dem Nachwuchs noch der Mutter wahrheitsgemäß mitteilen können, dass das Rumdreschen in keiner Weise mit Musik oder auch nachvollziehbarer Rhythmik in Verbindung gebracht werden kann.
Grundsätzlich muss man heutzutage als Erwachsener mit der Wahrheit vorsichtig umgehen. Die gegenwärtige Jugend ist nicht mehr so resistent gegen Kritik und neigt daher oft zu übertriebenen Kurzschlussreaktionen. Das ist wahrscheinlich eine der Folgen der aktuellen vorherrschenden verweichlichten Erziehungsmethoden.

Schlimmer noch, es droht den Großeltern bei späteren altersbedingten Unzulänglichkeiten wie Inkontinenz oder Taubheit erhebliches Ungemach, nämlich aus Rache herzlos ins schmucklose Altenheim abgeschoben zu werden. Denn eine Mutter vergisst nie, wer ihrem vermeintlich musikalischen Wunderkind einst in früher Jugend den Respekt verweigert hat.

Irgendwann muss aber auch der verkalkeste Opa erkennen, das Weghören keine Lösung ist und einfach nicht funktioniert. Also gibt er nach und stellt dem Nachwuchstrommler ein richtiges Schlagzeug zur Verfügung. Bedingung dafür ist, es muss ordentlicher Unterricht genommen und es muss geübt werden.

Im Keller wird dazu ein Raum ohne Fenster zur Außenwelt frei geräumt, die Wände werden mit Eierpappen abgeklebt, eine kleine Lampe baumelt von der Decke und für die kalten Wintertage gibt's noch einen Heizlüfter aus dem Baumarkt. Fertig ist der Schlagzeugprobenraum.

Ok, das Ganze hat ein bisschen das Flair wie bei der Stasi oder KGB, aber was solls. Fortan trommelt es Tag und Nacht aus dem Keller und aus dem pausbäckigen gesunden Bübchen mit reichlich Babyspeck an der Hüfte wird im Laufe der Jahre ein blassbleicher Grufti mit langen Haaren und gehetztem Blick. Im Gegenzug hat er jetzt alle Rhythmusarten dieser Welt auf der Pfanne und kann seine Arme und Beine in unterschiedlichem Tempo unabhängig voneinander bewegen. Das ist nicht einfach und verlangt schon ein paar Rhythmus-Gene vom Zappelphillip.

Das Grundgerüst ist gesetzt, nun gilt es noch, diese Fertigkeit im Einklang und Harmonie mit anderen Musikern zu bringen. Das wäre dann die wahre Schlagzeugkunst, doch bis dahin ist es noch ein steiniger Weg.

Kapitel 3)

Die Instrumente: Bass

Vorerst beschäftigen wir uns weiter mit der Instrumentensuche und machen mit der Bass-Gitarre weiter.
Der Bass-Spieler/Spielerin stammt aus geordnetem Milieu. Die Eltern sind wahrscheinlich dem Mittelstand zugehörig, wählen Mitte links, und verfügen über ein kleines, aber regelmäßiges Einkommen. Ein Leben in Harmonie und Geborgenheit. Das führt dazu, dass sämtliche Angehörige dieser Familie ein großes Stück weit in sich selber ruhen und die täglichen Herausforderungen des Lebens mit äußerster Gelassenheit auf sich zukommen lassen.

Die Eltern waren in ihrer Jugend glühende Verehrer der gängigen Prog Rock Bands wie Pink Floyd, Jethro Tull oder GuruGuru. Bei dieser Musik ging es stark in das Experimentelle, was sowohl in den gewählten Harmonien als auch in den Texten seinen Niederschlag fand. Nicht selten war von Elfen, Drachen und Magiern in anderen Dimensionen die Rede, und der Schauplatz der erzählten Geschichten in den Songs spielte in einem weit entfernten Land lange vor unserer Zeit.

Geschichten aus unerreichbaren Dimensionen und längst vergessene Mythen haben den Vorteil, dass sich man darüber inhaltlich nicht mehr aufzuregen braucht. Und wer sich nicht aufregt, ist bekannter Maßen die Ruhe selbst.

So ist der Bassnachwuchs aufgewachsen. Seit frühester Jugend erlebt er Gelassenheit und tut maximal nur das, was unbedingt nötig ist. Körperliche Bewegung ist uncool, Idealgewicht ist was für Hyperaktive und eine ordentliche Frisur brauchen nur die Schauspieler in den Zeitschriften. Zum Begleiten einer Melodie reichen die vier Saiten einer Bassgitarre, und im Ernstfall würde es sogar mit weniger Saiten gehen.

Übrigens, das versierte Zusammenspiel zwischen Bass und Schlagzeug führt in einer Band zum richtigen Groove und bildet oft das elementare Rhythmusgerüst. Harmonie und Sympathie zwischen diesen beiden Instrumenten ist somit eine zwingende Voraussetzung, wenn ein Song „cool grooven" soll. Diskrepanzen sollten also tunlichst vermieden werden, denn ein Auftritt kann zur Katastrophe werden, wenn blöderweise der Drummer seine aktuelle Freundin mit dem Bassmann in flagranti erwischt.

Verschwenderisch wird ein Bassist allerdings bei der Frage, wie viel Watt ein

Bassverstärker haben muss. Unter hundert Watt braucht man da gar nicht anfangen. Was das physikalisch eigentlich bedeutet, offenbart eindrucksvoll Wikipedia: ein Watt ist gleich der Leistung, um innerhalb einer Sekunde über die Strecke von einem Meter die Kraft von einem Newton aufzuwenden – etwa um eine normale Tafel Schokolade in einer Sekunde um einen Meter anzuheben. Ein Verstärker mit 120 Watt bringt also physikalisch gesehen genügend Leistung, um ca. 120 Tafeln Vollmilch-Nuss in einer Sekunde einen Meter anzuheben.

Ferner muss, um tiefe Töne zu erzeugen, eine möglichst große Menge Luft bewegt werden. Dazu gehören reichlich Lautsprecher in die Boxen. Nicht fehlen darf dabei der heilige Gral des Basses, nämlich der Subwoofer, das ist ein spezieller Lautsprecher, der für die Wiedergabe von tieffrequenten Schallwellen ausgelegt ist. Das muss man sich mal auf der Zunge zergehen lassen: ein Bass verschleudert massenweise Energie, die man super zum Anheben von Schokolade verwenden könnte, nur um eine möglichst große Menge Luft zu bewegen. Ob das bei den Grünen bekannt ist?

Außerdem hat eine Bass-Lautsprecherbox aufgrund dieser Ausstattung die Ausmaße eines Jumbo-Kühlschrankes, in dem jeder Wiesn Wirt seinen Hendlvorrat für das gesamte Münchner Oktoberfest unterbringen könnte. Auch in Sachen Gewicht bietet eine Bassbox jedem Menge Konfliktpotential. Es ist erstaunlich, wie schnell eben noch träge herumstehende Mitmusiker spurlos verschwunden sein können, wenn der Bassist fragt, ob mal jemand bei seiner Box mit anfassen kann.

Trotzdem gilt: einen Basston muss man spüren und er klingt am besten, wenn er durch Mark und Bein geht. Wenn dem Besucher im Publikum bei jeder angeschlagenen Saite die Brille auf der Nase wackelt und das Geschirr durch die Schallwellen von allein aus dem Schrank wandern, erst dann ist ein Basston überhaupt erst ein Basston.

Übrigens, natürlich haben alle Bassspieler sich auch mal an einer gewöhnlichen Gitarre versucht. In der Regel jedoch erfolglos, denn eine normale Gitarre hat zwei Saiten mehr als eine Bassgitarre, was bei vielen Bassisten Fragen, Ratlosigkeit und Verwirrung auslöste.

Auch in Sachen Performance oder Kleidung bewegen sich die Tieftöner in ihrem eigenen Universum. Meist steht der Bassspieler debil grinsend auf der Bühne, wippt kaum merklich mit den Füßen, schwitzt kein Stück und trägt schräge Klamotten aus den frühen Siebzigern wie Hippie-Stirnband oder zerschlissene Anti-

Atom T-Shirts. So was geht nur, wenn man absolut von sich überzeugt ist. Bassisten halt.

Kapitel 4)

Die Instrumente: Rhythmusgitarre

Die Rhythmusgitarre – nicht zu verwechseln mit Lead- oder Sologitarre (dazu später mehr) - ist ein weiteres Mysterium in der Band. Viel gewollt, aber nichts richtig gekonnt ist eine treffende Formulierung für Spieler dieses Instruments.
Rhythmusgitarristen sind eigentlich ganz normale Typen mit Schulabschluss und Berufsausbildung. Sie achten auf Körperhygiene, sind in der Regel zu Älteren und Behinderten höflich und zuvorkommend und wissen, wie man sich bei Tisch benimmt. Nur die wenigsten sind vorbestraft, und wenn doch, dann höchstens wegen Kavaliersdelikten wie nicht gesetzeskonforme Auspuffmontage am Motorrad oder Pinkeln in der Fußgängerzone. Also nichts Ernstes, was auf künftige verwerfliche Veränderungen deuten könnte. Irgendwann beginnt jedoch auch hier das Drama und der Wunsch kommt auf, Gitarre zu spielen.

Die Rhythmusgitarre bringt sich das Spielen nicht selbst bei, sondern setzt auf professionelle Unterstützung. Das Spielen von Saiteninstrumenten setzt ein gewisses Maß an Fingerfertigkeit voraus. Rhythmusgitarristen haben damit jedoch oft Probleme, weil sie ihre handwerklichen Grenzen schon beim Einschlagen eines Nagels oder beim Tapezieren der Wohnstube erreichen. Wer das nicht glaubt, begebe sich einfach in die Wohnung einen jungen Rhythmusgitarristen. Selbst die dort aufgehängten Poster sind schief angebracht.

Gerne werden zu Trainingszwecken diverse Gitarrenlehrbücher zu Rate gezogen, die Übungen und Transkriptionen zum Erlernen allgemein bekannter Songs bieten. Los geht es immer mit dem Song „House of the rising sun". Dieses Lied ist relativ einfach zu spielen, hört sich aber für Laien unglaublich kompliziert an. Damit ist das erste Ziel des Rhythmusgitarrenspielers nämlich schon erfüllt, das Blenden und Täuschen.

Rhythmusgitarren haben ein Problem mit verweigerter Anerkennung. Die holen sie sich auch gerne mit ordentlichem Krach. Wer an einen voll aufgedrehten Verstärker eine elektrische Gitarre anschließt und mit kühnem Armschwung alle Saiten anschlägt, sorgt für einen anständigen

Geräuschpegel und erhält schon deshalb von jedem Anwesenden die gewünschte Aufmerksamkeit.

Ist die Rhythmusgitarre bei Kasse, wird die Kohle gern in Equipment wie weitere Gitarren, Verstärker und Lautsprecherboxen investiert. Davon wird man zwar nicht besser, aber wenn man schon nicht besonders gut spielen kann, sollte wenigsten die aufgefahrene Ausrüstung was hermachen. Keine Frage, auch hier gilt die Devise, dass eine ausreichende Wattzahl durch nichts zu ersetzen ist, außer durch noch mehr Watt. Zusätzlich beginnt hier auch noch ein unerbittlicher Glaubenskrieg, nämlich welche Verstärkertechnik die richtige ist. Gitarristen haben die Wahl zwischen Röhren-, Transistor- oder seit einigen Jahren Digital- oder auch Modelingverstärkern.

Röhrentechnik ist technisch gesehen ein Relikt aus der Antike, sie verschleißt und nutzt sich zusätzlich ab, ist schwerer als die anderen Arten und zudem auch noch Schweine teuer. Eine Röhre steht für einen warmen bodenständigen Sound, der den Fans dieser Technik die Freudentränen in die Augen treibt. Hier sind die Hardrock- und Bluesgitarristen Zielgruppe, und die würden sich eher die Nasenhaare mit einem Bunsenbrenner flambieren als neumodisches Equipment einzusetzen.

Transistortechnik ist dagegen preiswerter und zudem unempfindlicher. Die Älteren kennen Transistoren noch aus den mittlerweile antiken Stereoanlagen. Wer in den 70er Jahren seine Platten nicht auf einem Kofferplattenspieler mit ausklappbarem Lautsprecher abspielen wollte, kam an den Kompakt-Stereoanlagen mit Rack nicht vorbei.

Erklärung für die Jüngeren: ein Rack ist ein Möbelstück mit einer Glastür, in dem ein Plattenspieler, ein Radio und oft ein Doppel-Kassettendeck eingebaut wurde. Das ganze Ensemble, offizieller Nachfolger der Radio- und Fernsehtruhe aus den 50zigern, hatte neben der musikalischen Beschallung auch noch die Aufgabe, das Wohnzimmer optisch zu verschönern. Das schafft ein iPod heutzutage nicht mehr!

Transistoramps für Gitarren brauchen allerdings ordentlich Strom, und es klingt aus dem Lautsprecher manchmal ein bisschen wie Fingernagel kratzt über Kotflügel. Das ist aber genau das richtige für die Heavy Metall Fraktion, denn hier soll es, ja muss es so schrill klingen, das unter der Schädeldecke Vibrationen spürbar werden.

Gitarren in TOP 40 Bands (Coverbands, die die aktuellen Hitparadencharts bis Platzierung 40 nachspielen) bevorzugen häufig Digital- bzw. Modelingverstärker. Mittels moderner Computertechnik wird bei dieser Verstärkerart der Sound modelliert und digital nachempfunden. Mit dieser Technik kann man über eine Gitarre jede denkbare Soundvariante und nahezu jedes Instrument imitieren. Selbst wenn die Sängerinnen - TOP 40 Bands haben immer Sängerinnen – mal einen Frosch im Hals oder ihre Zickentage haben, kann man mit einem digitalen Amp problemlos auch das Gekreische einer durch geknallten Lady nach modellieren. Nur Titten und Arsch schafft ein digitaler Amp noch nicht.

War die Entscheidung der Rhythmusgitarre für oder gegen einen Verstärkertyp schon Dilemma genug, muss auch noch eine weitere wichtige Frage beantwortet werden.
Diese lautet: Paula oder Strat? Es handelt sich hierbei übrigens nicht um die Namen von zwei besonders knusprigen Damen, sondern um eine geläufige Abkürzung für unterschiedliche Gitarrenbauweisen. Die Unterschiede hier in kurzen Sätzen dazulegen wäre in etwa genauso schwierig wie einen aktiven Vegetarier von einem Praktikum in einer Schlachterei zu überzeugen. Es ist aber wahrnehmbar, dass eine Strat oft von den handwerklich und fingerfertig begabten Virtuosen unter den Gitarrenspielern bevorzugt wird, die Paula dagegen gern von Grobmotorikern. Insofern ist diese Bauart bei Rhythmusgitarristen schon mal nicht grundsätzlich verkehrt.

Kapitel 5)

Die Instrumente: Lead- bzw. Sologitarre

In den meisten Coverbands sind neben der Bassgitarre noch eine Rhythmusgitarre und eine Leadgitarre im Einsatz.
Die Leadgitarre kümmert sich im Bandgefüge um die Melodiefolge und die Solis. Dafür ist technisches Können und ein Mindestmaß an Talent für die Gitarre wünschenswert. Das haben Vater und Mutter der Leadgitarre schon in die Wiege gelegt, denn beide sind aktive Mitglieder im örtlichen Gesangsverein gewesen. Seit frühester Jugend wurde die Leadgitarre somit mit allerlei Liedgut konfrontiert, wahrscheinlich hat die Mutter beim gemeinsamen Musizieren sogar Akkordeon gespielt und der Vater gesanglich den 2.Tenor intoniert.

Schon in jungen Jahren wurde die erste Konzertgitarre zur Verfügung gestellt, wahrscheinlich eine Carmencita mit Nylonsaiten für um die fünfzig Mark, die bald darauf von der ersten richtigen „Elektrischen" abgelöst wurde. Dazu gab es diverse Liederbücher wie z.B. „Die größten deutschen Schlager" oder „ Wanderlieder für die Gitarre" oder „Der Liederhannes" und „Das dicke Ding", vom letzteren gibt es sogar mehrere Teile. Allen diesen Songbüchern ist eins gemein: sie beinhalten die Grundakkorde und den Text mehr oder weniger allgemein bekannter Lieder.

Wer also Lesen kann und zumindest nebulös weiß, welcher Fingersatz nötig ist, um die wichtigsten und gängigsten Akkorde, also C/D/E/F/A/G, auf der Gitarre erklingen zu lassen, ist ohne Frage Kalle König, denn damit kann man fast alle in der westlichen Welt bekannten Songs nachspielen.

Als die Leadgitarre spürte, welche Wirkung das auf sein persönliches Umfeld und speziell auf die hübsche Nachbarstochter hatte, wollte er mehr, und zwar von der Gitarre und dem Mädel. Die gesamte Jugendzeit verbrachte er folglich damit, sich sämtliche auf der Gitarre spielbaren Töne und Spieltechniken beizubringen, um die adrette junge Dame von nebenan final zu beeindrucken. Sogar professioneller Unterricht wurde in Anspruch genommen. So was dauert.

Erst an dem Tage, als er die Nachbarstochter mit seinen Gitarrenkünsten beeindrucken wollte, hat er mitbekommen, dass das Mädel zwischenzeitlich jemand anderes geheiratet hat. Diesen Umstand hatte er in seinem ganzen Übungseifer gar nicht bemerkt.

Kapitel 6)

Weitere mögliche Instrumente

Mit Bass-, Rhythmus- und Leadgitarre sowie Schlagzeug hat eine Rock-Coverband zumindest instrumental schon mal das Grundgerüst zusammen. Manchen reicht das jedoch nicht, es wird weiter aufgerüstet. Dann stehen auf einmal auch noch ein Keyboard, ein Saxophon oder eine Klarinette mit auf der Bühne, und das sind bei weitem noch nicht alle möglichen Instrumente, die auftauchen könnten.

Diese – nennen wir sie der Einfachheit halber Mitmusiker - haben es in einer Coverband am aller schwersten. Nicht jeder Zuhörer wird zum Beispiel einer Posaune den nötigen Respekt zollen, wenn diese auf dem Bikertreffen mit dicken Backen das Riff von „Smoke on the water" bläst.

Harte Kerle erwarten da schon etwas anderes. Saxophon oder Keyboard werden erfolgreich eher in der Popmusik eingesetzt, insofern brauchen viele Spieler dieser Instrumente nach dem Auftritt oft psychologischen Beistand. Vor allen Dingen dann, wenn sie feststellen, das das lang eingeübte virtuose Solo, das sie sich aus den flinken Fingern oder der Lunge gesaugt haben, den Lederbefrackten und Tätowierten am Allerwertesten vorbei geht.

Dazu kommt, dass für die eben genannten Instrumente durchaus Talent und Lernbereitschaft nötig ist. Um aus einem Saxophon vernünftige Töne herauszuholen, die nicht nach Ente schnattert auf dem Dorfteich klingen, muss man vorher gut üben.

Keyboarder haben ihren Ursprung in der Regel am Klavier, und um die Vielzahl an bedienbaren Tasten in Harmonie und korrekter Reihenfolge betätigen zu können, musste ebenfalls auf die ein oder andere Stunde fröhliches Rumtoben im örtlichen Freibad verzichtet werden. Und wer dankt es einem? Keiner.

Mitmusiker haben zusätzlich oft ein optisches Problem: schon einmal ein Saxophonspieler ohne Schlägermütze oder ein Keyboard ohne Rüschenhemd gesehen? Eher nicht, was die These stützt, das Saxophonisten immer eine Glatze haben und Keyboarder entweder einen Bauch oder aber – noch schlimmer – keine Haare auf der Brust haben. Die Konsequenz daraus ist: wieder nichts mit Groupies für die Mitmusiker.

Kapitel 7)

Der Gesang

Last, but not least, etwas Elementares, Wichtiges und absolut Notwendiges fehlt noch, um als Coverband öffentlich überhaupt bestehern zu können – nämlich der Gesang.
Diese Spezies, egal ob Sängerin oder Sänger, bedürfen besonderer Aufmerksamkeit. Der Gesang ist meistens auch für die Show und die Performance zuständig, und dafür braucht es besondere Gaben und Talente wie eine Top-Figur, Beweglichkeit und ein Mindestmaß an Ausstrahlung. Außerdem muss der Gesang auch noch super singen können. Eine Band braucht also einen gestandenen Frontmann, in Insiderkreisen häufig auch als Rampensau bezeichnet. Dieser Part wird in der Realität häufig unterschätzt.

Aber: wie wird man denn nun zur richtigen Frontsau? Auch hier schauen wir zuerst zurück. Ein späterer Frontmann wird schon im Babyalter von allen heiß und innig geliebt, weil die zarten Löckchen um das hübsche Gesicht mit himmelblauen Kulleraugen einfach jeden verzaubern.

Im Kindergarten bekommt das Goldkehlchen den besten Platz am Tisch, als erster den Dessert und von seinen weiblichen Kindergartenkolleginnen immer

noch eine Extra Portion Milch in Form einer Milchschnitte.
Während in der Grundschule andere mehrseitige Strafaufsätze schreiben müssen, weil sie der Lehrerin an den Hintern gefasst haben, kommt der pubertierende Frontmann mit den Hinweis „Ach, ist der niedlich" davon.

Schon in jungen Jahren trällert er im Gesangsunterricht derart herzerweichend, dass einem das Wasser sintflutartig in die Augen schießt.
Für jedes Girlie, das die Barbiepuppe irgendwann gegen richtige Jungs austauschen möchte, ist nur er der richtige Ken. Seine Mitbewerber können unbezwingbare Berge besteigen, wilde Tiger mit bloßen Händen erwürgen oder auch zum Mars fliegen, gegen einen gekonnten Augenaufschlag des Frontmanns hat nichts und niemand eine Chance. Männlichen Konkurrenten bleibt eigentlich nur eine Hoffnung: vielleicht wird das Arschloch ja schwul.

Als Jugendlicher verfügt der Frontmann immer über die tollsten und teuersten Markenklamotten, weil der Vater Architekt, Werbeagenturinhaber oder Schönheitschirurg ist und somit über Kohle ohne Ende verfügt.

Urlaub macht der junge Herr daher nicht im Zeltlager an der Nordseeküste, sonder

als First-Class Tourist auf den Malediven oder beim Skifahren in den Rocky Mountains. Statt im gebrauchtem Ford Escort Baujahr Anno Tobak kommt der Frontmann mit einem blitzenden Porsche Cayenne vor die Eisdiele geflitzt.
Innerhalb der Band wird der Frontmann gehassliebt. *„Was hat die Wurst nur"*, denkt sich zum Beispiel der Leadgitarrist, *„dass die süße Blonde mit dem Knackpo den Sänger anhimmelt, während ich hier gerade das allerschwierigste Soli zum besten gebe, das die Welt je gehört hat"*.

Ein echter Frontmann hat natürlich komische Eigenarten, die ihn auszeichnen. So hilft er weder beim Auf- oder Abbau der technischen Anlage noch würde er niemals selbst Gigs akquirieren. Natürlich kommt er grundsätzlich zu spät zur Probe und lässt sich zum Auftritt chauffieren. Dafür trinkt er kein Öttinger, stattdessen verlangt er Pellegrino und frische Lachsschnittchen vom Caterer.

Eine weitere gerne in Anspruch genommene Gemeinheit ist den Ventilator auf der Bühne immer so zu positionieren, dass nur ihm frischer Wind ins Gesicht weht. Er weiß halt ganz genau, ohne Frontmann geht gar nichts. Und der Sack hat auch noch Recht!

Kapitel 8)

Zusammenfinden der Bandmitglieder

Nachdem nun erläutert wurde, welche Ursachen, Wurzeln und Gründe die Musiker einer Coverband haben, wird im Folgenden beschrieben, wie die eigentlich ja schon schwer Beladenen zu einer Band zusammen finden.
Ein normales jugendliches Leben mit Sportfreizeit, Urlaubsreise oder der Besuch einer gesellschaftlichen öffentlichen Veranstaltung wie es durchschnittliche Teenager nun mal zelebrieren ist für einen Covermusiker nämlich nicht möglich.

Ein Musiker bewegt sich nur von seinem Instrument weg, wenn das Ziel die Erweiterung seines musikalischen Horizontes sein könnte oder er die Chance bekommt, Musiker zu hören und zu sehen, die noch schlechter sein könnten als er selbst.

Das wäre beispielsweise der Gig einer neuen lokalen Krawallband im örtlichen Jugendfreizeitbildungszentrum, der Auftritt seiner persönlichen Lieblingsband oder die Ankündigung von 50 Liter Freibier. Das ideale Milieu für das Zusammenfinden einer künftigen Coverband ist also das Zusammentreffen von Freibier mit Krawallband im Jugendzentrum.

Eine typische Situation zum Beispiel ist, wenn zwei in der Regel langhaarige Typen mit verschränkten Armen und interessiertem, aber auch gelangweiltem schnippischem Blick der Darbietung einer neuen örtlichen Rockformation im übelsten Schuppen der Stadt zuhören.
Kaum verspielt sich einer der Musiker, haut sich einer der beiden Langmähnigen vor der Bühne mit flacher Hand auf die Stirn. Der andere ist schwer beeindruckt, weil er den Spielfehler in der Band gar nicht gehört hat. Folglich glaubt er, sein Nebenmann hat Ahnung von Musik und rollt bedeutungsvoll mit den Augen.

Das war es, der Funke springt über. Beide wissen nun mit absoluter Sicherheit, dass hier zwei geniale Musiker nebeneinander stehen, die in jedem Fall tausendmal besser sind als die gerade aktive Band. Und dabei spielt es überhaupt keine Rolle, wer welches Instrument spielt.
Solche Unwichtigkeiten werden erst im Laufe des Abends ausgetauscht, wenn das Freibier alle ist und die Herren sich schon längst härteren Drinks zugewandt haben.

Der Alkohol lockert die Zunge und senkt die Kontaktschwelle und es finden sich weitere Gesprächsteilnehmer, auch alles Musiker. Im Idealfall ist morgens um drei Uhr die Band komplett – bis auf den Sänger, denn der treibt sich in so üblen Spelunken ja nicht rum. Das macht aber auch nichts, denn irgendeiner der Band kennt jemanden, der jemanden kennt, der singen kann und Frontmann Qualitäten hat.

Die Musiker sind nun total besoffen, können sich aber noch auf eine grobe Grundrichtung ihrer Coverambitionen einigen und setzen schon mal die erste Setliste auf. Man träumt vorsorglich von Auftritten in der Royal Albert Hall oder als Vorband für die Südamerika-Tour von Metallica verpflichtet zu werden.

Dann könnte man auch seinem Chef, der einen als Vorgesetzter immer so triezt, mal ordentlich in den Hintern treten.
Bevor überhaupt der erste Ton gespielt wurde, sind die ohne Zweifel zu erwartenden Groupies aufgeteilt und die Plätze im Tourbus vergeben. Um fünf Uhr morgens haben alle über vier Promille auf dem Kessel und sind sich sicher, eine neue Supergruppe geschaffen zu haben. Nun sind sie bereit, die Welt zu rocken.

Wer übrigens jetzt der Meinung ist, das Covermucker nicht mehr alle Latten am Zaun haben, liegt gar nicht so verkehrt.

Kapitel 9)

Der Probenraum

Vor den Erfolg hat der Mucker-Herrgott den (Übungs)Schweiß gesetzt, lautet ein altes Sprichwort. Obwohl jeder Covermucker uneingeschränkt davon überzeugt ist, dass er alles – also wirklich alles - absolut sicher und originalgetreu nachspielen kann, muss vorher gemeinsam mit der Band geprobt werden.

Weil das zuhause im privaten Wohnzimmer zu erheblichen Protesten der Mitbewohner führen würden, wenn bei jeder Übungseinheit das antike Porzellan der Großmutter infolge der Lautstärke zerspringt, muss eine geeignete Location, nämlich ein externer Probenraum gefunden werden.

Trotz zum Teil ja erheblichen Immobilienüberschusses ist das Finden und Anmieten eines Probenraumes jedoch eine erhebliche Hürde im Leben einer Coverband. Man muss verstehen, kein Hausverwalter wird wohl lange seinen Job behalten können, wenn er die Parterrewohnung an eine Coverband vermietet.
In den ersten Monaten sind die Musiker in der Regel total übermotiviert und treffen sich sieben Mal in der Woche zum Proben, vor einem Auftritt auch schon mal öfter.

Im Treppenhaus stinkt es dann penetrant nach Alkohol, Urin und Zigaretten, und das es für Künstler – so fühlen sich Covermucker tatsächlich - unter ihrer Würde ist, mal die Gosse zu fegen oder die Hausmülltonne rauszuschieben wie jeder andere Mieter wundert auch nicht wirklich.

Es muss also ein Raum her jenseits der bewohnten Zivilisation, wo weder andere Menschen noch schützenswerte Tiere verkehren. So was findet sich nur in Gewerbegebieten oder in der Nähe von Atomkraft- und Klärwerken. Vermietet wird so ein Probenraum auch nur von der Mafia nahe stehenden Geldeintreibern, sie wissen um die Nöte der Musiker und nutzen das gnadenlos aus. So wundert es nicht, wenn für das fensterlose 15qm Mietobjekt ohne Wasser und Heizung schon mal 300 Euronen monatlich über den Rocktresen gehen.

Den Covermucker stört das nicht wirklich. Er freut sich, endlich eine Möglichkeit gefunden zu haben, seine bisher stark eingeengte musikalische Energie mit seiner Band endlich freien Lauf lassen zu können und zu jeder Tages- und Nachtzeit Mucke in der von ihm bevorzugten Lautstärke zu machen.

Dazu wird der Probenraum hergerichtet und komplett mit Geräusch mindernden Dämmplatten verklebt, ein

Benzingenerator zur Stromerzeugung angeschafft und eine Gasbuddel mit Heizstrahler aufgestellt. Übrigens, Wasser oder gar ein Klo mit ordnungsgemäßem Anschluss an die öffentliche Kanalisation braucht kein Musiker.
Dazu kommen ein paar Poster möglichst gruselig aussehende aktuelle und ehemalige Rockbands und halbnackte Damen an die Wände. Bei der nächsten Sperrmüllabfuhr werden noch vor den heran eilenden Osteuropäern und Trödelhändlern brauchbare Couchgarnituren und Teppichauslagen konfisziert und im Probenraum platziert.

Der so kostengünstig eingerichtete Raum ist für die nächsten Jahre der Lebensmittelpunkt der Mucker. Hier wird künftig nämlich nicht nur geprobt bis zum Abwinken, sondern auch Geburts- und Todestage großer Musiker gedacht, CD Neuerscheinungen gefeiert oder über Chartplatzierungen diskutiert.
Ein eingerichteter Probenraum ist das letzte wahre Paradies für Mucker. Keiner meckert über Lautstärke und Art der musikalischen Beschallung. Hier darf sogar in geschlossenen Räumen gequalmt werden, dass selbst Helmut Schmidt vor lauter Raucherfreude lauthals jauchzen würde.

Der Alkohol fließt in Strömen und das Ausstoßen von Körperwinden wird stets freundlich kommentiert. Manche Beziehung wurde gerettet, weil der zeitweise ungeliebte Partner für einige Zeit im Probenraum zu seinen Wurzeln zurück kehren konnte, nämlich Biersaufen, schlafen und dann wieder Biersaufen.

Keiner muss duschen, wenn man den Probenraum betritt. Die halbgeleerten Pizzaverpackungen und Mc Donalds Tüten bleiben so lange liegen, bis diese von den ebenfalls im Probenraum lebenden Insekten und Mikroorganismen verzehrt wurden.
Dieses Verhalten und die hier gemachten Erfahrungen gehören ohne Frage zur Grundausbildung eines jeden künftigen Musikers. Niemand kann das Riff „Highway to hell" wirklich authentisch spielen, wenn er nicht wenigsten einmal nach durchzechter Nacht in einem verqualmten, nach Bier, Schnaps und Erbrochenem stinkenden und total überheizten Proberaum aufgewacht ist. Erst dann erschließt sich auch der tiefere Sinn der im Hardrock so oft verwendeten Textzeile „My head is a nuclear bomb".

Wenn der pelzige Belag auf der Zunge statt Zahnbürste den Einsatz eines Rasenmähers erfordert, erst dann ist man ein Mucker. Das ist das Feeling und die Umgebung, in der Welthits entstehen, hier werden die Riffs geschmiedet, die Generationen verzaubern werden - glaubt der Musiker zumindest so lange, bis das eingeworfene Aspirin wirkt.

Kapitel 10)

Die Probe

Nachdem sich nun die Musiker zusammen gefunden und eine Räumlichkeit zum Üben geschaffen wurde, geht's hoch motiviert ans Proben. In den ersten Monaten nach frischer Bandgründung sind die Beteiligten in ihrem Eifer nicht zu stoppen: der Fußballverein, die Kegeltruppe, ja selbst runde Geburtstage im engsten Freundeskreis – das alles spielt überhaupt keine Rolle mehr, weil man ja für die Muckerkarriere trainiert. Tag und Nacht sitzt er nun vor seinem Instrument und übt, was das Zeug hält.

Normale Gespräche mit gewöhnlichen Mitmenschen über korrupte Politiker, Atomkatastrophen, Benzinpreiserhöhungen oder Sexskandale im europäischen Hochadel sind dem Mucker völlig suspekt. Er denkt nur noch in Tonarten, spricht nur noch von Arpeggio und Adagio, träumt von Tempiwechseln und schnarcht dabei in D-Dur. Jeder Hindu würde für das Erreichen dieses Zustandes der völligen Hingabe seine letzte Reisschüssel opfern.

Dieser Mensch ist außerhalb des Probenraumes nur noch ein Geist, ein blutarmes Wesen mit fahler Haut und gehetztem Blick. Nur bei der Probe, wenn er mit seinen Gesinnungsgenossen zusammen trifft und sie alle in ihrer Scheinwelt wandeln, werden wieder normale Züge erkennbar. Soweit man das so bezeichnen kann.

Sie trinken erstmal ein paar Bier und rauchen auf einmal selbstgedrehte Zigaretten. Die neuesten und die ältesten Platten werden möglichst fachmännisch diskutiert, was ja jetzt, wo man selbst Musik macht und damit ein Ernst zu nehmender Berufskollege von Paul McCartney oder Eric Clapton ist, von äußerst professioneller Natur ist.

Bevor es ans richtige Musizieren geht, packt die Leadgitarre noch einen nagelneuen Bodentreter aus. Das sind kleine elektronische Kisten, mit denen man mittels Fußtritt den Sound seiner Gitarre verändern kann. Die Dinger haben meist grobe martialische Namen wie T-Rex, Destroyer, Distortion oder Boosterblaster.

Wenn der Gitarrist sich damit nicht auskennt, klingen sie auch so. So wird der Klang einer eben noch zarten, glockenhaft klingenden Gitarre durch einen beherzten Fußtritt auf das Bodenpedal zum Geheul einer aufschreienden Bestie, der gerade vom Teufel persönlich das Alphabet mit dem Brandeisen in den Hintern geschmiedet wird. Aua.

Wie beurteilt ein geschulter Psychologe wohl eine Unterhaltung im Probenraum, wenn die Gitarre behauptet, der Refrain ist in A, der Bass behauptet jedoch, das wäre in D-Dur mit dem Hinweis: *„Das ham wa inner früheren Band auch imma so gemacht".*

Der Drummer shuffelt, obwohl der Song im geradem 4/4 Takt gespielt wird, der Sänger wundert sich, dass er den Song selbst nicht mehr wieder erkennt. Die Leadgitarre entschuldigt die grauenhafte Solopassage mit dem Hinweis, bis zum Gig habe er das schon drauf. Richtig, die gehören eigentlich alle in Therapie.

Das schlimmste übrigens, was einer relativ neu formierten Coverband passieren kann, ist, wenn unangemeldet Besuch zur Probe erscheint. Und zwar für die Musiker und für den Besucher.
Bei den Musikern macht sich dann augenblicklich Unsicherheit und Nervosität breit, denn sie haben nämlich ihren noch verbliebenen Freunden und Bekannten von der neuen Band erzählt, wie prima das musikalisch und menschlich passt und was für geile Songs die Truppe schon spielen könnte.

Diese etwas übertriebene Euphorie rächt sich nun. Mit Sicherheit kommt nämlich die Bitte des Besuchers: *"Spielt doch mal einen Song, den ihr so drauf habt, ich will mal was hören"*, und genau das bringt die Musiker in die Bredouille.

In der Regel dauert es mindestens 30 Minuten, bis sich die Musiker überhaupt einigen können, welcher Song von den vieren, die die Truppe in den letzten zehn Wochen geprobt haben, denn nun tatsächlich präsentationsfähig wäre.
Es dauert weitere 15 Minuten, bis die nervöse Leadgitarre die richtige Verstärkereinstellung für den nun ausgewählten Titel justiert hat.
Der Drummer hat die Wartezeit intensiv genutzt und sich drei Kräuterzigaretten reingezogen, damit er das anstehende Feeling und den Groove auch richtig spürt.
Gesang und Bass vertreiben sich die Nervosität derweil mit Alkohol. Irgendwann legen die Jungs dann los und bedienen ihre Instrumente. Soweit ihnen das unter den geschilderten Umständen überhaupt noch möglich ist.

Nach Beendigung dieser Vorführung wird es für den Besucher haarig. Die Frage der Mucker nach der Qualität ihrer gerade gezeigten Darbietung kann er wahrheitsgemäß nicht beantworten, da er den nachgespielten Song einfach nicht erkannt hat. Hätte er klugerweise vorher abfragen sollen.

Zudem klingelt es in seinen Ohren, als ob in nächster Nähe das Space Shuttle gestartet wurde. Selbst die Augen tränen, weil die Kräuterzigaretten des Drummers anscheinend aus getrockneter Gnu-Kacke bestehen und ein dementsprechendes reizendes und beißendes Aroma haben.
Verschwommen erkennt der Besucher durch seinen Tränenfilm, wie seine Musikerfreunde sich zufrieden abklatschen, was ihn zu der Aussage verleitet, das war doch schon ganz gut. Großer Fehler, denn damit sind die Mucker ihre anfängliche Scheu los und sind nun fest entschlossen, auch noch die restlichen Songs vorzuspielen, die sie draufhaben.

Der Besucher ist jetzt ganz in der Gewalt der Mucker und muss jeden gespielten Song ausführlich bewerten. Im Gegenzug dafür bekommt er unaufgefordert Bier, Schnaps und Zigaretten gereicht.

Wenn er dann nach einigen Stunden aus dem Probenraum entlassen wird, ist er nahezu taub, heiser und in der Sehfähigkeit stark beeinträchtigt. Das Auto muss er stehenlassen und die Klamotten infolge des ihnen anhaftenden Geruchs im Altkleidercontainer entsorgen.
Zuhause angekommen fällt er betrunken und bekifft in die Glasvitrine, pinkelt an die

Yucca-Palme im Wohnzimmer und göbelt standesgemäß in den frisch gebohnerten Hausflur.

Wenn er einige Tage später wieder klar denken kann, wird ihm bewusst, dass aufgrund eventueller chemischer Rückstände von verbotenen Substanzen im Blut ärztliche Vorsorgeuntersuchungen in den nächsten Wochen besser zu unterlassen sind.

Ferner wird durchgerechnet, was der Probenraumbesuch denn so gekostet hat. Das Taxi vom Probenraum nachhause lag bei 40,- Euro, dazu kamen 20,- Euro genötigte Spende in die Bandkasse. Die nicht mehr tragbaren Klamotten schlagen mit 300,- Euro zu Buche.

Das alles muss er seiner Angetrauten erklären, ohne weitere Konsequenzen in der Partnerschaft befürchten zu müssen. Bewährtes Mittel ist eine Einladung zum Verzeih-mir-Schatz-Candlelight-Dinner, bei dem dann als weiteres Zeichen der Demut ein kleiner goldener Ring überreicht wird. Zusammen kommen so schnell mal einige hundert Euro zusammen.

Das hätte locker für eine Woche bei den beiden deutschen Top Open-Air-Festivals „Rock am Ring" und „Wacken" gereicht. Die anschließenden Kopfschmerzen und anderen körperlichen Schäden wären jedoch identisch gewesen.

Kapitel 11)

Der erste Auftritt

Monate im Probenraum sind vergangen, die Band hat die Zeit genutzt und intensiv geprobt, das Repertoire reicht mittlerweile für einen Auftritt von bis zu zwei Stunden. Ein Mitglied der Band ist zwischenzeitlich zum Manager mutiert, denn er bemüht sich redlich, der Truppe einen Auftritt – im Fachjargon auch Gig genannt – zu verschaffen.

Ein Gig ist für den Musiker eine Station vor dem Leben als Plattenverkaufsmultimillionär. Wie sollten auch die späteren Abermillionen Fans von der Existenz einer so großartigen Band erfahren, wenn nicht durch den Besuch eines Gigs. Das weiß auch der Manager, insofern nutzt er alle sozialen Kontakte, die noch vorhanden sind, um seine Band zu promoten.
Ob bei der jährlichen Fahrzeuginspektion im regionalen Autohaus, beim sonntäglichen Brötchenkauf in der lokalen Bäckerei, ja selbst die herbstliche Grippeschutzimpfung der Krankenkasse wird als kommunikative Plattform genutzt. Es gilt, dem Rest der Welt möglichst beiläufig mitzuteilen, dass es „a new band in town" gibt, die musikalisch zwar Premiereleague, aber trotzdem (noch) für relativ kleines Geld zu buchen ist.

Und tatsächlich, irgendwann hat irgendwer angesichts der verzweifelten Akquisitionsbemühungen des Managers einfach Mitleid und das scheinbar Unvermeidbare und Unfassbare geschieht: die Band hat ihren ersten öffentlichen Auftritt.

Für jeden Musiker einer Band ist dieses Ereignis der Beginn zu einem neuen Abschnitt in seinem bisher von Nichtigkeiten geprägtem Dasein, denn nun beginnt das Leben als Profimusiker. Neben den unmittelbar zu erwartenden Einnahmen in Millionenhöhe gilt es, sich auch mental auf die kommenden Herausforderungen als weltbekannter Superstar vor zu bereiten.

Wie geht man mit den tausenden von Fans um, die vor dem heimischen Grundstück lauern und eine Socke wollen, was macht man mit all den paarungsbereiten Groupies vor der Garderobe, wie antwortet man prominent intellektuell beim Interviewtermin mit der führenden Musikzeitschrift? All das sind Fragen, mit denen sich die Mitglieder der Band von nun an auseinander setzen müssen. Denn eins ist klar, die Musikerkarriere geht jetzt voll ab.

Allerdings gilt es noch ein paar Hindernisse zu überwinden, denn leider hat sich der Gott des Rock`n Roll für seine Jünger vor

deren ersten Auftritt noch ein paar Gemeinheiten einfallen lassen: Lampenfieber führt zu Unsicherheit führt zu Angst.
Natürlich wird das keiner der Protagonisten nach außen zugeben, nein, nein, dafür behaupten sie alle, viel zu abgebrüht zu sein. Aber die Wochen vor dem Jungferngig werden zur Hölle auf Erden. Geprobt wird ab sofort achtmal die Woche, und wehe, einer kommt nur drei Minuten zu spät.

Wer sich jetzt verspielt, muss mit umgehender Kreuzigung rechnen. Technisches Equipment, das nicht bekannt oder nicht erprobt ist, wird nicht zugelassen und deshalb schon vor der Installation rausgeworfen.

Die Gesangsabteilung hat quasi Sprechverbot bis zum Auftritt und vor lauter Aufregung verliert die gesamte Truppe massiv an Körpergewicht.
Kurz - alle haben vor ihrem ersten Auftritt dermaßen die Hosen voll, dass man den Probenraum alternativ mit Methan heizen könnte.

Dass der erste öffentliche Auftritt auf Initiative eines guten Freundes in einer abgelegenen und abbruchreifen Gartenlaube vor ca. 15 wahrscheinlich total bekifften und besoffenen Gästen stattfindet, wurde im Eifer des anstehenden Gefechts einfach übersehen. Was soll's – Gig ist Gig. Selbst unter Drogen stehende Proleten sind letztendlich auch Fans, die es zu überzeugen gilt. Und überhaupt, könnte ja sein, dass Rick Rubin, ein weltberühmter Produzent, gerade seinen American Bullterrier in der Gegend Gassi führt, die Band hört und den Jungs sofort einen millionenschweren Plattenvertrag andient. So was hat es tatsächlich schon gegeben.

Der Verlauf des ersten Gigs ist eine prägende Erfahrung, die kein Musiker jemals vergessen wird. Man trifft sich am besten schon gegen 11 Uhr morgens am Probenraum, um das Equipment in die Fahrzeuge zu verladen. Gigbeginn ist zwar erst abends um 21 Uhr, aber so kann man wenigstens in Ruhe aufbauen und hat keinen Stress, wenn noch eine Saite reißt oder eine Lampe der Lichtanlage ausfällt. By the way, auch und speziell hier gilt Murphys Gesetz: garantiert kommt einer zu spät.

Damit für die anstehende musikalische Darbietung die Finger schon mal geschmeidig werden, schmeißt der Bassmann vorweg eine Runde Boonekamp, den sich alle dankbar hinter die Binde kippen. Das führt bei der Rhythmusgitarre dazu, das der schon seit Tagen unruhige Magen sich nun zwingend und dringend von seinem Inhalt trennen will und nachdrücklich den Besuch einer sanitären Anlage fordert. Manchmal klappt das nicht rechtzeitig, aber da noch genügend Zeit vorhanden ist, kann eine eventuell vollgekotzte Hose noch gegen ein sauberes Exemplar ausgetauscht werden.

Beim Verladen des technischen Equipments wie Instrumente und Zubehör, Lautsprecher und Lichtanlage muss mit weiteren Verlusten und körperlichen Schäden gerechnet werden. Das Zeug ist sauschwer, und es wäre nicht das erste Mal, das ein Gig nicht stattfinden kann, weil ein Bandmitglied mit Schmerz verzerrtem Gesicht in der Klinik liegt und seinen Bandscheibenschaden behandeln lassen muss statt mit akrobatischen Einlagen auf der Bühne das Publikum zu beeindrucken.

Mit Sicherheit knallt ein Gitarrenkoffer auf den Boden, da sich die bekannterweise schon seit Wochen lockeren Schrauben des Haltegriffes ausgerechnet heute entschieden haben, nachgeben zu müssen.
Man kann ohne Wenn und Aber von Glück reden, wenn der Drummer vor lauter Aufregung nicht in seine eigene Snaretrommel tritt.

Bassisten, deren handwerkliche Fähigkeiten vorrangig im Bauen von selbstgedrehten Rauchwerk liegen, werden sich beim Zusammenklappen der Mikroständer die Finger quetschen und die Leadgitarre wird sich den Fuß verstauchen, weil er mit den 45 cm hohen Hacken seiner extra für diesen Auftritt neu angeschafften Cowboystiefel nicht sicher laufen kann.

Lediglich der Gesang bleibt vorerst unbeschadet, weil dieser sich nur dem Verladen seines Mikrofons widmet. Dies liest sich auf den ersten Blick zwar egoistisch, ist in Wahrheit aber praktischer Unfallschutz, denn Legenden erzählen von Sangeskünstlern, die sich beim Aufrollen einer Kabeltrommel selbst stranguliert haben sollen.

Trotz aller Widrigkeiten ist jedoch auch bei der chaotischsten Band nach einigen Stunden alles transportfähig verladen. Bevor es losgeht, muss noch besprochen werden, wo die Location – also der Ort des Auftritts - liegt und wie man dahin kommt. Die nun anstehende Diskussion bietet eine hervorragende Gelegenheit, dem ersehnten Image als saufender Rockmusiker nachzukommen und sich einen weiteren leckeren Schnaps zu gönnen.

Man stellt fest, dass das für die Routenführung zuständige Navigationssystem die Location nicht kennt, weil das Gerät letztmalig im alten Jahrtausend aktualisiert wurde. Es bedarf

keiner weiteren Erklärung, dass von den anwesenden Musikern keiner mit aktuellem Kartenmaterial ausgestattet ist, so dass die Europakarte aus einem altmodischen längst abgelaufenen Terminkalender im DIN-A5 Format genutzt wird.
Die dort veröffentlichte Darstellung im Maßstab 1:50000, die zum Beispiel den Seeweg nach Australien, die Autobahnen in Griechenland oder die Eisenbahnverbindung nach Kairo erkennen lässt, zeigt zwar nur schemenhaft die Richtung zum – sagen wir mal - Laubenpieperweg 13 A im Gewerbegebiet Ober-Dümpelshausen, aber in Ermangelung weiterer Alternativen bleibt halt keine Wahl.

Sicher, die Herren verfahren sich mehrmals, einmal vergessen sie an der Tankstelle sogar den Bassmann, der sehr zum eigenen Erstaunen in seinen Hosen- und Westentaschen keine weiteren kleinen Kräuterschnäpse mehr findet und sich somit an der Kasse neu bevorratet, ohne seine Mitreisenden über sein zeitweiliges Verschwinden zu informieren. Aber nach Stunden im Auto findet die Band dann schließlich doch noch die Location.

Der Veranstalter und einige Fans sind schon vor Ort und haben schon mal selbstlos getestet, ob die Bierzapfanlage der zu erwartenden Belastung stand hält. Die Freude ist groß und zeigt sich in der lautstark geäußerten Euphorie beim Eintreffen der Band mit nur 4 Stunden Verspätung.

Vor Ort zeigen sich einige technische Einschränkungen. So läuft die gesamte Stromversorgung in der Location über einen kleinen Kompressor, der sowohl Kühlanlage, Bühnenbeleuchtung, DJ Mischpult und die PA der Band mit Strom versorgen soll.
Die Bühne besteht aus Europaletten und wurde mit Kabelbindern aneinander befestigt, um dem entsprechenden Schwingungspotential entgegen zu wirken.
Um die Musiker vor den sicher nicht mehr zu kontrollierenden Fans zu schützen, wurde die Bühne vorsorglich mit Plastik-Trassierband abgesichert.

Beim Aufbau der Anlage gehen zwei Scheinwerfer zu Bruch, der Drummer tritt aus Versehen doch noch in seine Snare und der Rhythmusgitarrist klemmt sich neben dem bereits vorher lädierten linken nun auch noch den rechten Daumen. Der Bassmann gönnt sich derweil einen Jägermeister, während der Frontmann schon mal nach möglichen Sexualpartnern Ausschau hält.

Die eine für die Bühne übrig gebliebene Steckdose wird mittels diverser preisgünstig im Baumarkt erworbener

Kabeltrommeln und Mehrfachstecker ausreichend erweitert.
Die Fans wollen beim Aufbau natürlich tatkräftig mithelfen und sorgen so für ein heilloses Chaos auf der Bühne, weil sie den Basslautsprecher mit dem Ventilator verdrahten und die Mikros an die Bühnenbeleuchtung anschließen.
Gott sei Dank fliegen beim Einschalten der Nebelmaschine alle Sicherungen raus, andernfalls hätte sich die Location wohl in ein flammendes Inferno verwandelt.
Mittlerweile ist es dunkel geworden, die Zeit drängt, und die Band hat noch keinen einzigen Ton für den Soundcheck gespielt. Der Veranstalter ist mittlerweile total stoned, besinnt sich aber auf seine soziale Pflichten und bietet auch den Musikern etwas zu trinken an. Das wird ohne Frage gerne angenommen.

Zu den bereits anwesenden Fans haben sich nun auch andere musikalisch Interessierte beim Gig eingefunden. Das befürchtete Verkehrschaos und eine eventuelle Parkplatznot infolge der in Massen anreisenden Besucher hat sich jedoch als unbegründet erwiesen.

Neben der älteren Schwester des Leadgitarristen, den Großeltern des Drummers, zwei Ex-Freundinnen des Sängers und der Partnerin des Rhythmusgitarristen haben sich noch rund 10 unbekannte Gäste eingefunden. Einer davon ist der lokale Bewährungshelfer, die anderen sind die Vereinsmitglieder der benachbarten Kleingartenkolonie "Zur fröhlichen Sonnenblume", die sich nach einem zünftigem Frühschoppen einfach nur verlaufen haben und nun mal gucken wollen, was „die Kaputten und Langmähnigen denn da so veranstalten".

Irgendwann steht dann auch mal die Anlage, der Soundcheck kann beginnen. Sinn dieses Vorhabens ist u.a. vor Beginn der Vorstellung zu prüfen, ob die ausgehende Lautstärke beim Publikum bleibende Schäden verursachen könnte – was bei der einen oder anderen Band durchaus Ziel der Performance ist - und ob die Musiker sich auf der Bühne untereinander auch hören können, damit sie miteinander spielen können.
An dieser Aufgabe sind schon viele durchaus talentierte Combos gescheitert, erstes Problem ist oft schon, festzulegen, welcher Song überhaupt zum Soundcheck gespielt wird.

Ein weiteres Übel ist der meist benutzte Satz beim Soundcheck, der da lautet: *„ich hör` nichts!"* Damit ist nicht gemeint, das der Musiker taub ist, nein, er meint damit, das er im Zusammenspiel aller Instrumente SEIN Instrument nicht hört.

Je nachdem wo nun die Sympathien liegen, wird einzelnen Musikern die Schuld an dieser Mangelhaftigkeit zugeschustert. Anfangs ist in der Regel immer der Drummer zu laut, der dem entgegen zuwirken versucht, indem er Wolldecken in seine Trommeln stopft.

Dann folgt der Bass, der sich nach kurzem, aber heftigem Wortgefecht beleidigt bereit erklärt, seinen Volumenregler am Verstärker um ganze zwei Millimeter nach links zu drehen. Mehr geht seiner Meinung nach aber auch auf keinen Fall, weil sonst unweigerlich der Basssound flöten gehen würde.

Die Leadgitarre erklärt seine vorab justierte Lautstärke damit, das Lead ja das englische Wort für Führung sei und er allein schon deshalb mehr Power braucht als die anderen. Dazu folgt das Argument, das später ja noch mehr Fans vor der Bühne stehen, die schon durch ihre physische Anwesenheit die Lautstärke noch dämpfen würden.

Der Sänger ist beim Soundcheck wieder Mal völlig entspannt, er weiß um seine charismatische Wirkung beim Publikum, Sangeskünste sind da eher zweitrangig. Das liegt zwar an der völligen Selbstüberschätzung des Vokalisten, aber nach dem Genuss von reichlich Fernet Branca, die er nebenbei dem Bassmann geklaut hat, befindet er sich sowieso nicht mehr in der irdischen Welt.

Ach so, die Rhythmusgitarre kann am Soundcheck nicht teilnehmen, dem ist vor Aufregung nämlich wieder so übel, das er auf dem Lokus nicht sicher weiß, ob er besser sitzen oder doch davor knien sollte.

Nachdem die Band sich stundenlang intensiv und durchaus mit Herzblut, aber letztendlich doch vergeblich bemüht hat, einen für alle Beteiligten erträglichen Sound hinzukriegen, einigt man sich auf die 12 Uhr Einstellung. Das heißt alle Regler an den Verstärkern und sonstigen Soundanlagen werden in die Mittelposition gestellt und nötigenfalls während des Gigs noch mal nach justiert. Das hört sich dann zwar nicht wirklich gut an, aber bei Liveauftritten kann man sowieso keine HiFi-Soundqualität erwarten.
Die Basis für die nun ohne Frage unweigerlich folgende Weltkarriere als Platten-Multi-Millionäre ist mit Abschluss des Soundchecks geschaffen.

Kurze Randnotiz: die Gage für den ersten Auftritt setzt sich zusammen aus dem Flaschenpfand des getrunkenen Billig-Biers, das Catering besteht aus ein paar belegten Brötchen vom Vortag, wo sich Wurst und Käse wellen und last, but not least einer im Haltbarkeitsdatum bereits abgelaufenen Büchse Erdnusskerne.

Kapitel 12)

Die Performance

Dieser Fachbegriff steht für den Ablauf der Vorstellung und die Präsentation der Band während des Gigs. Neben einer spektakulär hergerichteten Bühne mit Lichtanlage und Nebelmaschine und einer aufgeblasenen Sexpuppe vor meterhohen Verstärkerwänden denkt jeder Musiker im Vorfeld intensiv darüber nach, wie er sich auf der Bühne beim laufenden Gig präsentiert.

Das ist wichtig, denn Performance schließt neben dem Gebaren und Benehmen auch die Klamotten, die Frisur und die verbalen Äußerungen an das Publikum ein.

Covermusiker, im realen Leben meist gemäßigte Zeitgenossen mit Hang zu unauffälligen Verhaltensmustern, verwandeln sich beim Gig zu Mutanten und Monstern, denen nichts mehr heilig ist. Schon am Outfit lässt sich erkennen, nicht alle Wahnsinnigen sind wirklich in ärztlicher Behandlung.

Wie sonst lässt sich erklären, dass der Bassmann live on stage aussieht wie die Reinkarnation von Freddie Krüger und im Takt Tomatensaft als Blutersatz in die Menge spuckt.

Die Leadgitarre verzerrt beim Solospiel derart das Gesicht, das man meint, ihm würde bei lebendigem Leib die Haut abgezogen. Eigentlich ein Zeichen unendlicher Qual, man fragt sich, wenn es ihm wehtut, warum macht er das dann?

Der Schlagzeuger sitzt mit freiem Oberkörper in seiner Schießbude, obwohl dieser Anblick eher an frische Schweinehälften als an eine gelungene optische Darbietung erinnert. Er trägt zudem Blut unterlaufene Vampir-Kontaktlinsen, und die davon geschwollenen Augenlider sind komplett geschwärzt.

Die grelle Schminke im Gesicht der Rhythmusgitarre verläuft unter den heißen Scheinwerfern, er schwitzt wie ein Sumo-Ringer beim Treppensteigen und hat die Knöpfe seines Hemdes bis zum Bauchnabel offen. Somit kann auch jeder seine stattliche Blinddarmnarbe sehen.
Der Sänger, selbstbewusst im weißen Rüschenhemd und rasierter Brust, trägt eine gestreifte Spandexhose, die er in wadenhohe Cowboystiefel aus buntem Krokodilleder gestopft hat. Das muss man erstmal bringen!
Und das die unverkennbare Beule am Gemächt nicht auf natürliche Substanz, sondern auf Tennissocken beruht, lässt sich am durchschimmernden Adidas-Schriftzug erkennen.

Sind die Musiker während des Spielens dann auch noch in Bewegung, kann es auf der Bühne gesundheitsgefährlich werden. Es passiert schon mal, dass einem Musiker der Gitarrenhals des Kollegen in den Hintern gerammt wird, weil beim pflichtgerechten Abrocken die Abstände untereinander falsch eingeschätzt werden.

Oder die Rhythmusgitarre stranguliert beim Versuch die Bühnenrückwand hoch zu klettern, mit seinem Gitarrenkabel den Drummer.
Der Sänger, oft der Herr über die Nebelmaschine, schlägt sich die Nase blutig, weil er vor lauter Nebel seinen Mikroständer auf der Bühne nicht mehr sieht und mehrmals dagegen läuft.

Jeder Musiker sollte sich zudem über mögliche Konsequenzen vor dem geplanten Stage-diving im Klaren sein. Wer also wirklich mit ausgebreiteten Armen von der Bühne in die Menge springen will, in der Hoffnung, man wird vom Publikum aufgefangen, sollte sich vorher vergewissern, das erstens ausreichend Leute und zweitens vor allen Dingen auffangwilliges Publikum vor der Bühne steht. Und zwar am besten, bevor man losspringt. Andernfalls fällt man einfach auf die Fresse.

Abschließend zu diesem Kapitel noch ein paar Anmerkungen für jungfräuliche

Bands, deren erster Auftritt noch bevorsteht.
Es ist nicht zu verhindern, es wird immer Fehler geben. Die Band wird sich verspielen, selbst wenn das Repertoire aus nur einem Song besteht.
Der Sänger wird die Reihenfolge der Verse vertauschen oder sogar den Text vergessen; insofern ist es vorteilhaft, wenn Englisch gesungen wird. Das versteht sowieso nur ein kleiner Teil der Zuschauer.
Der Drummer wird im Eifer des Gefechts seine Sticks durch die Gegend schmeißen, weil sie ihm vor Aufregung aus den schweißnassen Händen gleiten.

Mit Sicherheit reißt beim Gitarrensolo eine Saite, wenn der Gitarrist seinen Jammerhaken über Gebühr strapaziert.
Und noch nie, wirklich noch nie, ist das Publikum näher an die Bühne herangetreten, nur weil einer der aktiven Musiker gebeten hat: *"Tretet doch mal näher, dann kommt mehr Stimmung auf"*.

Es sei denn, die Band ist weiblich, nackt und hat ansehnliche Brüste.

Kapitel 13)

Das Publikum

Jede Band hat den Wunsch, beim Gig anwesende Zuhörer zu beeindrucken. Schließlich will man das, was man sich in monatelangen kräftezehrenden Übungsabenden angeeignet hat, jemanden vorführen, um zu zeigen, was für ein toller Hecht man ja eigentlich ist.
Aufpassen muss die Band aber, was man wem, wo und wie vorführt. Die musikalische Qualität lässt Toleranzen zu, aber es gibt allgemein bekannte Regeln zu beachten.
Publikum gibt es nämlich für alles und jede Stilrichtung, es empfiehlt sich allerdings für jede Band vorab auf das Publikum und den Auftrittsort zu achten. Auch das Internet kann hilfreich sein, wenn man erahnen will, welches Verhalten im Hinblick auf Bühnenoutfit, Performance und Songdarbietung zu erwarten ist.

Wer als Covermusiker seine redlich erworbenen Pensionsansprüche im Alter gebührend genießen will, sollte es zum Beispiel tunlichst vermeiden, beim örtlichen Hells Angels Club seine Begrüßungsformel mit *„Hi Bandidos"* zu beginnen.
Es ziemt sich auch nicht, auf einer Hochzeitsfeier der schneeweißen Taube, die die Braut symbolisch vom Brautvater

geschenkt bekommen hat, in bekannter Heavy Metal Manier den Kopf abzubeißen.
Dagegen mögen es Punker gar nicht, wenn der Auftaktsong beim Gig aus der Feder von Ernst Mosch oder Heino stammt.
Besucher von Country-Veranstaltungen bevorzugen in der Regel eher heterosexuelle Lebensgemeinschaften, es bietet sich beim Bühnenoutfit also an, das Hinterteil der männlichen Musiker zu bedecken. Bei Musikerinnen wäre das dagegen Stimmung hebend, allerdings vorausgesetzt, die Proportionen stimmen.

Überhaupt, sexuelle Anspielungen verbaler und optischer Art müssen zwingend im Vorfeld auf ihre möglichen Auswirkungen beim Publikum überprüft werden.

Einige grundsätzliche Regeln lauten daher: keine überdimensionierten Phallussymbole auf der Bühne beim lokalen Lesbenball; dies gilt übrigens auch beim Jahresfest der allein erziehenden Mütter e.V.
Bei katholischen Gemeindefesten sollte die Band auf das sonst oft zu allgemeiner Heiterkeit führende Kondomaufblasen verzichten.
Fellatio oder Cunnilingus verherrlichende Darstellungen, auch wenn sie stark überspitzt präsentiert werden, führen bei Veranstaltungen mit vorwiegend radikal gläubigen Besuchern unter Umständen zu erhöhter, aber letztlich doch

unerwünschter Konfliktbereitschaft.
Auch auf soziale, kulturelle und gesellschaftliche Begebenheiten im Bezug auf die zu erwartenden Gigbesucher sollte geachtet werden. Kein genüsslicher Verzehr von Schweinshaxen während der Vorstellung beim muslimischen Ramadanfest und das Kostüm des Klu-Klux-Clan lässt man besser zuhause, falls die Band für eine Jubiläumsfeier der örtlichen Migrationsbehörde gebucht wurde.

Bei politisch motivierten Partys ist es von Vorteil, wenn man sich vorab über die Zielrichtung informiert hat. Auf linken Festen singt man keine rechten Texte, aber das tut man übrigens auch anderswo nicht!
Auf grünen Veranstaltungen spart man sich das Loblied auf günstige Atomenergie und die Gelben verzichten gerne auf rote Protestsongs.
Wer diese grundsätzlichen Ratschläge beherzigt, hat gute Chancen, die Veranstaltung ohne vorsätzliche publikumsgesteuerte Verletzungen wieder heil zu verlassen.

Das ist aber weitem noch nicht alles, was einer Coverband bei Thema Publikum so passieren kann. Bedauerlicherweise kann man sich sein Publikum nicht selbst aussuchen. Erstens muss man froh sein, wenn überhaupt jemand kommt und der zweitens auch noch dableibt.

Danach halten sich viele Besucher für qualifiziert, kompetent und geeignet, die Tauglichkeit des Gigs zu bewerten. Die wichtigsten und am häufigsten vorkommenden Besuchergattungen, die in punkto Urteilsvermögen und Wahrheitsgehalt verschiedenen Gesetzmäßigkeiten unterliegen, werden daher hier kurz vorgestellt.
Bei Gigbesuchern, die mit verschränkten Armen und starrem Blick vor der Bühne stehen, handelt es sich in der Regel um die Muckerpolizei. Diese Gäste sind selber Musiker, die die Vorstellung nur aus dem Grund besuchen, um festzustellen, welche Band noch mangelhafter als die eigene ist. Je heftiger der Applaus von diesen Leuten ist, umso mehr sollte sich die darstellende Band Sorge um ihre Vorstellung machen. Die Muckerpolizei klatscht nur dann begeistert, wenn die dargebotene Performance hundsmiserabel ist.
Grandios ist der Gig dagegen, wenn der Muckerpolizist in sein Fan-Halstuch von AC/DC schneuzt, eine Kippe nach der anderen nervös mit der Glut der gerade abgerauchten ansteckt und hyperaktiv vor der Bühne auf und ab geht.

Besondere Achtsamkeit sollte jede Band auch bei den Kommentaren befreundeter oder verwandter Gigbesuchern walten lassen. Wichtigste Regel ist, niemals glauben, was einem von dieser Personengruppe geraten wird. Mal ehrlich, kein Lebensabschnittspartner hat jemals die Frage *„wie war ich?"* wahrheitsgemäß beantwortet. Das gilt für musikalische Darbietungen genauso wie beim sonntäglichen Geschlechtsverkehr.

Warum sollte die ältere Schwester ausgerechnet jetzt die Wahrheit über ihren vom Heavy Metal infizierten Bruder sagen, der heute auf der Bühne Gitarre spielt.
Immerhin hat genau dieser Langmähnige vor zwanzig Jahren ihre innig geliebte David Cassidy Kassettensammlung ins Klo geschmissen hat, und zwar mit dem Ausspruch: *"Endlich kommt zusammen, was zusammen gehört"*.
Tut die Schwester also schwer begeistert und lobt ihren kleineren Bruder über den Klee, denkt sie in Wirklichkeit in Erinnerung an Mr. Cassidy nur an Rache: *„Geil, mach dich ruhig mal weiter zum Kasper, mit dem affigen Katzengejammer"*.

Zudem kann sich jeder selber ausrechnen, wie gerecht das Urteilsvermögen des Kumpels ist, den man vor drei Wochen im Bordell mit ein paar Hundert Euro auslösen musste.
Die Beurteilung über die musikalische Präsentation hängt nämlich davon ab, in welcher Beziehung man zum Musiker steht.

Und wenn der beste Freund scheinbar besorgt das Gesicht verzieht und sich auch noch kritisch äußert, hängt das vielleicht damit zusammen, dass er kein Interesse an einer erfolgreichen Fortsetzung der Musikerkarriere seines Gefährten hat. Denn dann muss er künftig vielleicht alleine in die Kneipe zum Saufen.

Selbst vor gänzlich Fremden sollte man sich in Acht nehmen. Wer weiß denn schon, ob diese in Wirklichkeit nicht Gema-Beauftragte sind, die nur dageblieben sind, um wegen der zwei nicht gemeldeten Zugaben Gebühren nachzufordern.

Lasst euch also nicht blenden, wenn sich eine Wasserstoffblondine mit Körbchengröße Doppel-D und Knackarsch in Leopardenhose lasziv im Takt vor der Bühne wiegt. Heutzutage kann das durchaus die Außendienst-Dame des Finanzamtes sein.

Kapitel 14)

Der Veranstalter

Musikalische Veranstaltungen gleich welcher Art müssen vor der Durchführung von jemanden organisiert werden. Räumlichkeiten oder Locations müssen vorbereitet, Plakate gedruckt, Personal muss geschult werden und vieles mehr.
Das macht in der Regel der Veranstalter, von denen es glücklicherweise nur zwei Arten gibt, nämlich den guten und den schlechten Veranstalter. Das kann sich sogar ein Musiker merken bzw. wird er im Lauf der Veranstaltung bemerken.

Ein guter Veranstalter stellt der Band eine geeignete Bühne, genügend Stromanschlüsse sowie ausreichend Getränkemarken zur Verfügung, auch ein kleiner Imbiss ist manchmal drin. Wenn es dann noch eine Gage oder eine andere monetäre Beteiligung gibt, kann sich eine mittelmäßige Coverband schon als einigermaßen ehrenvoll behandelt fühlen.

Ein schlechter Veranstalter bricht dagegen schon beim ersten Telefongespräch mit der Band in Tränen aus und anschließend zusammen. Es folgt eine ausführliche Schilderung seiner qualvollen Bemühungen bei der Realisierung einer Musikveranstaltung, die weder vom Staat noch von der Gesellschaft anerkannt werden. Die Behörden malätrieren ihn mit den aberwitzigsten Forderungen wie zum Beispiel dem Bereitstellen von ausreichend Toiletten oder Parkplätzen. Das notwendige Service- und Sicherheitspersonal von heute ist grundsätzlich doof und arbeitsfaul, verlangt aber eine fürstliche Entlohnung.

Das Finanzamt ist sein größter Feind und die GEMA knöpft ihm ein Vermögen ab, obwohl der Veranstalter seiner Auffassung nach ja nur selbstlos dafür sorgt, dass die musikalische Kultur nicht in Vergessenheit gerät. Das alles kostet, und er als Veranstalter muss das vorfinanzieren, so dass man leider über einen finanziellen Ausgleich für die Band erst nach der Veranstaltung reden könne.

Vom unendlichen Leid des Veranstalters tief erschrocken und zudem unerfahren beim Aushandeln von Gagen wird fast jeder Musiker weich im Herz und vor allen Dingen in der Birne.

Angesichts dieser schrecklichen Tragödie sagt die Band zu, sich selbst um eine Bühne zu kümmern, eine Licht- und eine Soundanlage mitzubringen und die Plakate für die Veranstaltung in der Region aufzuhängen, natürlich unentgeltlich für den Veranstalter. Zudem kauft die Band im

Vorverkauf selbst einige hundert Eintrittskarten, um das finanzielle Risiko möglichst zu minimieren.
Dieses barmherzige Verhalten der Band führt beim Veranstalter zur augenblicklichen Rückkehr des schon verblasst geglaubten Lebensmutes. Beruhigt nimmt er einen Schluck Dom Perignon und steigt zufrieden in die Corvette, um seine Dame aus dem Sonnenstudio abzuholen.

Sinn und Zweck eines Gigs ist nämlich nicht, wie fälschlicherweise von unerfahrenen Bands oft angenommen wird, geile Mucke zu präsentieren, an der alle ihre helle Freude haben und die die bis dato hässliche Welt in einen Garten Eden verwandeln wird.

Nein, ein Gig wird immer und grundsätzlich nach den Regeln der kapitalistischen Welt organisiert, nämlich dem Veranstalter durch den Verkauf von Eintrittskarten, den kostenpflichtigem Verzehr von Getränken und Speisen, dem schwungvollen Handel mit Merchandising-Produkten wie T-Shirts, Kaffeetassen und Cd`s die Kasse zu füllen.

Monetäre Beteiligungsforderungen der teilnehmenden Bands stören da eigentlich nur.

Kapitel 15)

Die Medien

Früher haben sich die Musiker in dunkler Nacht hingesetzt, ein altes Deutschbuch aus der Grundschule rausgekramt und mit dieser Hilfe schwerlich versucht, sich einen einigermaßen verständlichen Pressetext für die kommende Veranstaltung aus den Hirnwindungen zu saugen.
Das hat Stunden gedauert, auch weil die alte Adler Schreibmaschine vom Opa oben rechts noch einen Buchstabenhebel mit Hakenkreuz hatte, den man zwar unbeabsichtigt, aber mangels Übung mit der Tastatur doch recht häufig erwischte.

Jeder, der damals mit Tipp-Ex und Minipinsel seine Tippfehler eliminieren musste, weiß, wie lange es dauert, bis das Zeug trocken ist und man weitertippen kann, ohne sich das Farbband zu versauen.

War der Text dann endlich fertig und vielleicht noch ein druckfähiges Foto vorhanden, musste man das Ganze noch höchstpersönlich in der Redaktion abgeben, wollte man seine Chancen erhöhen, in der Wochenendausgabe der regional führenden Zeitung mit einer Veröffentlichung belohnt zu werden.
In der Regel kam man damals allerdings nicht an den Damen und Herren der

Anzeigenabteilung vorbei, die einem schon mal vorab 150,- Deutsche Mark - das war früher mal eine sichere, anerkannte und bewährte Währung – für eine Veranstaltungsanzeige im Lokalteil abnahmen.

Dazu konnte man sich aber auch mit ziemlicher Sicherheit darauf verlassen, dass der erhoffte Text und Foto nicht am Wunschtag veröffentlicht wurden. Wenn überhaupt, dann unter der Rubrik „Ärztenotdienst". Großes Glück hatte man zudem, wenn die Vorankündigung tatsächlich noch vor dem eigentlichen Veranstaltungstermin und nicht erst zehn Tage später erschien.

Heute gibt es das Internet. Das eben geschilderte Prozedere scheint also nicht mehr nötig, denn das Netz macht alles viel leichter. Denkt man. In Wirklichkeit sieht das wie immer im echten Leben total anders aus.

Wer recherchiert schon ernsthaft im Netz, wann die örtliche Krawallband einen Gig veranstaltet. An der Spitze von Google und Co stehen nicht umsonst nur Suchanfragen zu schlüpfrigen Filmchen.
Zudem ist das Web ist auch nur ein Ort, in dem sich hauptsächlich Mitglieder der Umsonst-Generation rumtreiben. Niemand zahlt auch nur einen Cent, um einen Liveauftritt der Lokalcombo zu bestaunen,

wenn er sich über das Netz umsonst und für nothing die neuesten Hits führender Musiktruppen auf Youtube anschauen oder über dunkle Kanäle downloaden kann.

Auch über Facebook real zahlende Besucher für den Besuch des nächsten Gigs zu aktivieren, ist ein ziemlich hoffnungsloses Unterfangen und hat in der Regel nur dann Erfolg, wenn das Bier umsonst ist.

Zudem gelingt die Platzierung redaktioneller Artikel auf wirklich relevanten Homepages nur äußerst selten. Was nützt einem eine Ankündigung auf der Homepage www.norway-rock.com, wo man doch weiß, das Norwegen mehrere Tage Autofahrt von der Gig-Location in – sagen wir mal – Gifhorn entfernt ist. Und wenn man ehrlich ist, überrascht das nicht wirklich, denn welcher Gifhorner würde andersrum ins norwegische Lappland reisen, um sich dort eine lokale Lappen-Coverband anzuhören.

Kapitel 16)

Der Manager

Eines Tages, die Band hängt locker im Probenraum ab, raucht, trinkt und gibt sich ungezügelten Phantasien als künftige Rockstars hin, geht die Tür auf und ein seltsam ausschauendes Exemplar männlichen Geschlechts betritt den Raum. Schon das Outfit gibt Anlass zu erheblichen Stirnrunzeln: braune Weste mit indianischen Stickereien, darunter ein mit diabolischen Schriftzeichen versehenes T-Shirt, Leder-Sakko mit Cordbesatz an den Ellenbogen, ein viel zu große Camouflagehose, schwarze Chucks eines No-Name Herstellers. Das Gesicht zufrieden, selbstsicher und schweinsrund, ein Musketierbart a la D'Artagnan, breiter Mittelscheitel, gekrönt von der obligatorisch platzierten Sonnenbrille. Die restlich verbliebenen Hinterkopfhaare wurden zu einem kleinen Zöpfchen gedreht und an jedem wulstigen Finger hängt ein klobiger Siegelring.

Ohne Umschweife beginnt der Typ mit einer außergewöhnlichen Ansprache: *"Hi, Leute, ich bin Mike, international versierter Musikmanager. Ich habe schon einige Bands von ganz unten nach oben gebracht und berühmt gemacht, zum Beispiel die „Flying Socks" und die „Jumping Chicks",*

die kennt ihr ja bestimmt aus dem ZDF-Fernsehgarten".
Ratlose Gesichter, denn von den genannten Bands und oder gar vom Fernsehgarten hat noch keiner der Anwesende jemals etwas gehört oder gesehen.

„Na ja, macht ja nichts. Ich habe euch letzte Woche auf der Party vom Moppedclub Kolbenfresser gesehen und gehört; war echt super, ihr seid `ne geile Truppe. Mit dem richtigen Management könnte aus euch was Großes werden, allerdings müssen wir da noch was dran arbeiten, das war bei den Stones und Metallica ja auch nicht anders."

Wow, das hat gesessen! Der Mann versteht es, sich zu darzustellen. Aufgrund der fulminanten Präsentation und der unglaublichen Lobhudelei sind die Musiker erstmal sprachlos. Endlich mal jemand, der anscheinend wie sonst nur sie selbst in der Lage ist, die bisher im verborgenen großen künstlerischen und musikalischen Talente der Band zu erkennen. Zudem hat der Typ ein Sixpack teures Markenbier unterm Arm, das er generös an die Band verteilt. Ein aussagekräftiges Argument, das kaum zu widerlegen ist.

„Also, fangen wir mal mit eurem Outfit an, das geht so eigentlich gar nicht", legt Mike ungefragt los, *„einheitliche Kostüme sind*

heutzutage ein absolutes Muss. Schaut euch mal die Flippers an, die sehen auf der Bühne in ihren Frotteeanzügen doch echt scharf aus. Und die Performance müsst ihr auch verbessern, mehr Bewegung und so. Vielleicht klettert der Sänger bei der Show einfach mal die Lautsprecherboxen oder am Bühnegestänge hoch, das machen andere auch. Einer von euch könnte Feuerspucken oder mit laufenden Kettensägen jonglieren, das schafft einen besonderen Show-Effekt. Die Leute wollen schließlich was sehen für ihr Geld. Habt ihr schon über Backgroundsängerinnen nachgedacht, müssen allerdings schon ein paar knackige junge Dinger sein; am bestem mit Bauch frei und Hotpants".

Vor den geistigen Augen der Bandmitglieder erscheint nun ein völlig neues Bild der Band: alle tragen künftig einteilige Anzüge in Pink oder Hellblau mit Rüschenbluse und V-Ausschnitt bis zum Bauchnabel, dazu kommt eine überdimensionierte Sonnenbrille in Herzform und die Frisur erinnert an einen Wischmopp, der gerade mit frischer Dauerwelle vom Barbier kommt. Im Hintergrund springen halbnackte Hupfdohlen über die Bühne und stöhnen beim Refrain ein an Pornografie erinnerndes „Uhuhuhuhu" ins Mikro. Zusammengefasst sieht die Band jetzt aus wie der Bühnen-Act beim jährlichen

Kongress des „Bundesverbandes Drag Queens of Germany" in Köln.

Das ist aber bei weitem noch nicht alles, was Mike – the Manager – so auf der Pfanne hat. *„Der Bruder von meinem Skatfreund hat einen Arbeitskollegen, dessen Schwägerin bei Dieter Bohlen die Bude putzt; die sind also quasi ganz dicke miteinander. Tja, ich habe halt beste Kontakte in das internationale Musikbusiness. Dem gebe ich einfach mal eine Demo-CD von euch mit, dann klappt das auch mit dem Plattenvertrag. Bis dahin müsst ihr allerdings noch reichlich live spielen, das schult und zudem steigert ihr so euren Bekanntheitsgrad erheblich. Ok, eine Gage oder Aufwandsentschädigung dafür ist natürlich erstmal nicht drin, dafür seid ihr halt noch zu frisch in der Szene. Übrigens, mein Anteil an den Einnahmen der Band beträgt 25 %, und zwar vor Abzug der operativen Kosten, denn für lau kann ich nicht arbeiten. Aber keine Sorge, wenn in der Anfangszeit die Gagen noch nicht so sprudeln, bin auch mit einer Pauschale euerseits einverstanden, das machen wir einfach per Bankeinzug, den ihr mir erteilt. Schließlich wollt ihr ja Rockstars werden, da muss man Opfer bringen, das war bei den Stones und Metallica auch nicht anders. Den Managervertrag habe ich übrigens auch gleich dabei, einfach kurz abzeichnen, dann haben wir das schon mal erledigt und* *ihr seid auf der sicheren Seite, das ein absoluter Vollprofi wie ich eure Betreuung übernimmt".*

Wieder ein rhetorischer Hammer, der sitzt. Die Band ist mittlerweile völlig überfordert, keiner traut sich auch nur ansatzweise, dem Manager zu widersprechen. Stattdessen warten alle sehnsüchtig und ehrfürchtig auf Mike's nächstes Statement, das die Band an die Spitze der internationalen Charts führt.

„Wo wir gerade dabei sind, eure Setliste passt wohl zu Motorradclubs, aber wer in der Hitparade oder im Fernsehen erfolgreich sein will, da wo die Kohle ist, der muss sich breiter aufstellen. Hardrock und Heavy Metal ist da eigentlich hinderlich und somit out, ihr müsst was für die Jüngeren machen. Oder was für die Älteren, so mit Keyboard und Saxophon zum Beispiel, und mit intellektuelleren Texten, wo es nicht immer nur ums Bumsen und Saufen geht, sondern um Berge und Wiesen, wandern und Fröhlichsein. So etwas hilft ungemein, wenn man berühmt werden will".

Spätestens jetzt sollte die Band die Reißleine ziehen und Mike - the Manager hochkantig hinauswerfen, ansonsten droht schweres Ungemach. Aus der einst ambitionierten Rockformation mit langen Haaren, Lederkutte und Nietenhose droht ein angepasster Haufen Mainstream-Mucker mit Fönfrisur, Schlaghose und Halstuch zu werden, die sich Eau de Toilette hinters Ohrläppchen reiben und am Sektschälchen nippen. Dagegen ist übrigens grundsätzlich nichts einzuwenden, wenn man den Rest seines Lebens als Musiker in Kureinrichtungen oder an Strandpromenaden aufspielen will. Krönung dieser Karriere ist dann, alle 14 Tage Sonntagnachmittag den Tanztee in der regionalen Stadthalle oder den jährlichen Weihnachtskonvent im Seniorenheim musikalisch zu beschallen.

Mit einem klassischen Gig mit 120 Dezibel bei den Rockern mit Bier und Bikes, blutigen Steaks, Striptease und willenlosen Sexgespielinnen hat das dann jedoch weniger gemein.

Übrigens, wer nun glaubt, dieser Textbeitrag entstammt der überschäumenden Phantasie des Autors, irrt gewaltig. Viele heute im Pop- und Schlagerbusiness oder in der Volksmusik bekannte Bands und Künstler haben in ihrer Anfangszeit dem knallharten Rock gehuldigt, bis sie auf einen geldgierigen und gewissenlosen Manager gestoßen sind, der sie in weichgespülte Schmusemucker verwandelte. Der Lohn für diese Metamorphose sind Titelseiten in der Yellow-Press, Auftritte in regionalen Talkshows und Angebote als Testimonial für Inkontinenz-Produkte. Und wenn sonst nichts mehr geht, bleibt einem ja als B-Prominenter im Privatfernsehen immer noch der Wettkampf im australischen Dschungel. Wettertechnisch ist es da immer schön warm, dafür soll die Verpflegung zum Teil absonderlich sein.

Kapitel 17)

Groupies

Als Groupie wird allgemein eine Person bezeichnet, deren vorrangiges Anliegen es ist, sexuell mit einem Star aus Musik, Kunst und Kultur zu verkehren. Gleich vorweg: Groupie kann heutzutage auch ein Mann sein. Wer sich als Künstler diesbezüglich beiden Geschlechtern zuwenden kann, vergrößert seine Chancen und vermag seine zwischenmenschlichen Kontakte mengenmäßig zu steigern und kann dann im Alter seine Memoiren damit füllen.

Es gibt unglaubliche Geschichten über weibliche Groupies. Häufig lässt sich in Biographien heute längst vergessener Superbands lesen, das die damals noch fürsorglichen Manager ganze Etagen im Hotel buchen mussten, um die von den Musikern und der Roadcrew gewünschten Mädels auch adäquat beherbergen und verpflegen zu können, letzteres natürlich mit reichlich Alkohol und Drogen.

Vor Verzückung kreischende Damen, die direkt an der Bühne offenherzig die Bluse öffneten und blank zogen, waren seinerzeit keine Seltenheit und wurden anschließend bei der After-Gig-Party auf dem Servierwagen in das Hotelzimmer gekarrt. Einigen der Damen soll es sogar gelungen sein, mit Zustimmung ihres Idols einsatzfähige, weil erigierte Abdrücke seines „besten Stückes" in Gips anzufertigen. Normalerweise kennt man eigentlich nur die klassische Büste, also Kopf auf Schulter, von großen Zeitgenossen. Wie langweilig. Das wir heutzutage die intimsten Ausprägungen großartiger Musiker bestaunen können, verdanken wir der Kreativität und dem unermüdlichen Einsatz von ideenreichen Groupies aus den 60er Jahren.

Wer sich jetzt als aktueller Covermusiker darauf konzentriert, das sein Penis eventuell als unkaputtbarer Gipsabdruck die Jahrhunderte überdauert und in der Zukunft in einem naturhistorischem Museum ausgestellt wird, sollte aber folgendes berücksichtigen.
Die „Gipsmacher Groupies" sind heute teilweise über 70 und haben das Mindesthaltbarkeitsdatum damit deutlich überschritten. Und ob die beim Vorspiel mit älteren Damen entstehende Erektion die notwendige Herstellungsprozedur ohne abschwellende Wirkung übersteht, ist nicht sicher. Unbekannt ist zudem, ob die „Gips-

Ladies" Auszubildende hatten, die dieses Handwerk fach- und sachkundig beherrschen und nötigenfalls einspringen könnten und wenn ja, wo diese heute zu finden sind.

Alternativ kann man ja auch seine aktuelle Lebensabschnittspartnerin bitten, bei der Herstellung des Gipsabdruckes helfend zur Hand zu gehen. Das setzt jedoch zwingend die notwendige Bereitschaft der beteiligten Dame zur proaktiven Mitarbeit voraus. Nicht jede moderne Frau bricht in Begeisterung aus, wenn der Partner sein bestes Stück in Gips gießen lässt, um es der Nachwelt zu präsentieren.

Auch haben die Mädels, zumindest die Hübschen, damals wie heute ein gewisses Maß an Attraktivität ihrer Geschlechtspartner gefordert. Ein Merkmal, das nicht jeder sein eigen nennen kann, der sich hauptsächlich von fettigem Fastfood ernährt und der körperliche Bewegung meidet wie die Katze das Wasser. In den 60er Jahren versteckten sich die Döner-Buden noch in der Vorstadt und Taxis wurden eigentlich nur von Filmschauspielern benutzt.

Bleiben wir also besser auf dem Teppich. Realistisch betrachtet für einen konventionellen Covermusiker ist heutzutage folgende Szenerie. Beim Gig haben sich tatsächlich ein paar Frauen eingefunden. Darunter sind einige, die – von der Bühne im schummerigen Licht aus gesehen – auch ganz hübsch sind. Die Mädels bewegen sich im Rhythmus, den die Band vorgibt, und ab und an können die Musiker auch ein vielversprechendes Lächeln der Damen erkennen. So weit – so gut.

Im Verlauf des Auftritts lassen es die Mädels immer wilder krachen, was auf den ungehemmten, aber sonst wohl eher ungewohnten Alkoholkonsum zurück zu führen ist. Das ist übrigens eine Folge der Emanzipation, viele Damen saufen und vertragen heutzutage mehr als die Kerle.
Die Mädels geben mittlerweile alles und haben ihre Bewegungsabläufe vollständig auf hemmungslose Paarungsbereitschaft umgestellt. Wenn sie das, was ihre Körpersprache jetzt an sexueller Agilität und Aktivität signalisiert, im Bett auch nur zur Hälfte einhalten, kann sogar Shakira einpacken.
Hüften kreisen, Haare fliegen, Hintern und Busen wackeln, wer jetzt nicht durchdreht, muss frigide sein. Blöd nur für die Musiker auf der Bühne, dass sie als Auslöser an der realen Umsetzung der nahenden Orgie nicht teilnehmen können, weil sie ja noch Mucke machen müssen.
Anders die anwesende Kerle im Publikum, diese wittern natürlich sofort die leichte Beute, die ihnen von der Band quasi auf dem Tablett serviert werden. Nach kurzer

Zeit sind die hübschesten der Mädels von notgeilen Typen umzingelt, von denen einer garantiert zum Zuge kommt.

Wenn später die Band die letzte Zugabe gespielt hat, die Instrumente und die Anlage wieder in den Bus gepackt hat, ist von der erotischen Atmosphäre nicht mehr viel übrig. Die attraktiveren Damen sind schon gegangen, wahrscheinlich mit einem anderen Typen, der nun die Mühen und die Vorarbeit der Musiker in vollen Zügen auskosten darf.

Im besten Fall haben drei der Mädels aber trotzdem auf die Musiker gewartet, um endlich auch mal eine After-Gig-Show mit einer echten Live-Band zu erleben. Eine hat leider einen Body-Mass-Index von über 30, die zweite ist Vorsitzende der Organisation „Keinen Sex vor der Ehe" und die dritte ist allein erziehende Mutter von vier Kindern und zusätzlich auf dem Esoterik Trip. Na toll, Überschneidungen mit den alten Überlieferungen über Groupies lassen sich hier nicht erkennen.

Selbst wenn man als Musiker großzügig über solche Unzulänglichkeiten hinwegsieht – man muss auch mal fünfe gerade sein lassen - kommt es nicht zum erhofften fulminanten Groupie-Finale.
„Ich bin müde", jammert der Gitarrist, der im Gegensatz zu den anderen glücklich liiert ist, *„lasst uns nachhause fahren."*

Und dummerweise müssen alle mit, weil er den Bandbus steuert, mit dem sie wieder zurück müssen.

Kapitel 18)

Die Demo CD/Studio Aufnahme

Hilfreich für die Akquisition von Auftritten ist es, wenn man bereitwilligen Veranstaltern eine hübsche Demo-CD vorlegen kann, auf der eine qualitativ hörbare Aufnahme der musikalischen Qualitäten zu vernehmen ist. Das macht man am besten in einem professionellen Studio.

Obwohl der technische Fortschritt in Sachen eigen produzierter Aufnahmen immens voran geschritten ist, braucht es neutrale Profis für so was. Der Kassetten-Mitschnitt der letzten Probe bringt nämlich nur wenig Erfolg, wenn neben dem saumäßigen Solo der Leadgitarre auch noch die Abgasgeräusche des Rhythmusgitarristen auf dem Tonband zu hören sind.
Es sei denn, man bewirbt sich um einen Gig auf dem Ärztekongress zum Thema Darmwinde.

Das Realisieren einer Demonstrations-CD stellt die Truppe vor ungeahnte neue

Probleme. Die Studiozeit ist teuer, und so muss man sich mangels Kohle auf einige wenige Songs einigen. Doch welche Songs schaffen es auf die CD?

Der Sänger schlägt die Lieder vor, wo er sangestechnisch besonders glänzen kann. Da spielt der Bass schon aus Prinzip nicht mit, und die Rhythmusgitarre besteht auf die Stücke, wo ein hammerhartes Riff das Hauptthema ist.

Dagegen wettert der Leadgitarrist, schließlich will er sich doch auf der CD nicht von seinem Muckerkollegen die Show stehlen lassen.

Auch der Drummer mault und meint, die Demo wäre eine hervorragende Möglichkeit, sein selbst geschriebenes fünfundvierzig Minuten dauerndes Schlagzeugsolo aufzunehmen und somit nun endlich einer breiten Öffentlichkeit zugänglich zu machen.

Wenn sich die Band dann nach wochenlangen Rumgreinen und Zicken irgendwie doch noch auf eine Songauswahl geeinigt hat, kommt das nächste Problem, nämlich in Person des Aufnahmeleiters bzw. Producers.

Den braucht man zwingend, denn es muss einer im Studio sein, der weiß, wie man die unfassbar vielen Knöpfe und Regler am riesigen Aufnahmepult bedient. Und mal ehrlich, ohne den Techniker würden die Musiker nicht mal den Lichtschalter finden.

Leider ist der Aufnahmeleiter dann bei der Aufnahme auch derjenige, der ständig mosert und meckert. Das hört sich dann so an: *„Das Schlagzeug ist nicht mehr im Tempo, die Rhythmusgitarre spielt gegen den Takt, der Bass wummert alle anderen Instrumente total weg, der Sound der Sologitarre klingt wie Kreissäge trifft Nagel und der Gesang hat noch nicht ein einziges Mal den richtigen Ton getroffen. Also, meine Herren Musiker, oder sollte ich wahrheitsgemäß besser Dilletanten sagen, was ihr gerade gespielt habt, war Bullshit. Wir sind doch hier nicht bei Dieter Bohlen. Also das ganze noch mal, und zwar von vorne, und konzentriert Euch endlich."*

So hatte sich die Band das nicht vorgestellt, zwanzig Mal hinter einander den gleichen Song zu spielen. Na super! Von der am Anfang herrschenden Euphorie und der unendlichen Bewunderung der Band für den Tontechniker ist nach der ersten Aufnahmesession in der Regel nichts mehr übrig.

Versteckte Kommentare wie *„der hat von Musik soviel Ahnung wie ein Terminator vom Topflappenhäkeln"* sind da noch freundliche Versionen. Es gibt Producer, die sich nach Feierabend von einem Trupp gewaltkundiger Ex-KGB Söldner von der Arbeit abholen lassen, um sich nicht der Gefahr auszusetzen, von frustrierten Muckern geteert und gefedert zu werden.

Eigentlich würden die sich als absolut ungerecht behandelt gefühlten Musiker am Folgetag auch gar nicht mehr im Studio blicken lassen, aber der clevere Producer hat natürlich im Voraus kassiert und die Band damit in der Hand.

Nach weiteren unendlichen Aufnahmesessions liegt nach Erreichen des Zeitlimits wenigstens mengenmäßig genügend Tonmaterial vor, und der Aufnahmeleiter wirft die Band hochkantig aus seinem schönen, aber mittlerweile von der Band voll gequalmtem Studio.

Es folgt das so genannte Mastering, ein Prozess, bei dem sich der Producer mindestens drei Monate lang einkerkern lässt und mit allerlei Voodoo aus den gesammelten Mitschnitten eine hör- und damit brauchbare Aufnahme zusammen schneidet.

Die Band, die dabei nicht mitmachen darf, leidet derweilen Höllenqualen, weil sie es kaum noch erwarten kann, sich das erste Mal selbst zu hören.

Dann eines Tages ist es soweit. Die dunkle Wolkendecke reist auf, und die Sonne zeigt am Firmament ihr goldenes Antlitz. Der Aufnahmeleiter reitet auf einem prachtvollen Schimmel über eine blühende Sommerwiese zum Probenraum.

In der Hand schwingt er fröhlich und stolz die Demo-CD. Die Musiker hören ihn schon aus der Ferne rufen: *"Es ist vollbracht, die CD ist fertig. Und ich muss sagen, es ist gelungen"*. Alle fallen sich glücklich und zufrieden in die Arme, und es beginnt ein Besäufnis, wie es die Welt nur selten erlebt hat.

Okay, das liest sich jetzt ziemlich schmalzig, aber in Wirklichkeit sind selbst die abgefahrensten Rockmusiker romantische Weicheier.

Kapitel 19)

Der Fototermin

Jede Band braucht nicht nur eine Demo-CD, sondern auch ein geiles Bandfoto, um sich der Öffentlichkeit präsentieren zu können.
Übrigens nicht vor dem Hintergrund, weil Bandfotos andauernd in den Medien veröffentlicht werden. Das wird zwar als Hauptgrund angeführt, ist aber totaler Quatsch, denn die Anzahl der tatsächlichen Bandfoto-Veröffentlichungen in der Zeitung rechtfertigen den Aufwand eigentlich nicht.

Ein Cover-Musiker kann sich nämlich nicht einfach nur waschen, die Haare kämmen und ein frisches Hemd anziehen. Nein, nein, da muss schon mehr kommen. Entsprechend seiner Coverleidenschaft muss er sich auf den Fototermin vorbereiten, und zwar innerlich und äußerlich.

Hat sich die Truppe zum Beispiel der Countrymusik verschrieben, ist es von Vorteil, die Musiker vorher eine Woche zum Reiten zu schicken, damit sie den Genre typischen Breite-Beine-Gang a la Lucky Luke fototechnisch darstellen können.

Ein Heavy-Metal-Musiker muss dagegen Zeit haben, sich durch den unbeschränkten

Genuss von Opiaten und den Verzicht auf Sonnenlicht nennenswerte Augenringe und eine standesgemäße Totenblässe anzueignen. Es kann nicht angehen, dass eine Coverband mit dem Namen „Satans Deadly Warriors" auf dem Bandfoto aussieht wie Hansi Hinterseer beim Volksmusikkongress in Berchtesgaden!

Die technische Qualität und die Choreographie des Fotos sind übrigens sehr wichtig, um eine möglichst hohe Abdruckfrequenz in den Medien zu erreichen. Weniger ist manchmal mehr, denn das Bild mit langhaarigen sonnenbebrillten Typen in Leder und Nieten, die vor einer Wand aus Tierkadavern stehen und blutverschmierte Gitarren in die Höhe strecken, schafft es nämlich kaum in die Veranstaltungsrubrik des „Hintertutzinger Heimatboten".

Man muss zudem auch wissen, es gibt kein Foto, auf dem alle Mitglieder einer Rockband gleich gut abgelichtet sind. Irgendeiner guckt immer blöd, popelt gerade in der Nase oder hat den Hosenstall noch offen.

Größter Fehler und absolutes geht-ja-gar-nicht auf einem Bandfoto einer Rockband ist, wenn einer lächelt! Lachen auf Fotos dürfen nämlich nur Schlagerhupfdohlen.

Gerne dokumentiert und veröffentlicht werden auch Fotos, auf denen Rockmusiker ihren Drang zum Überschreiten von gesellschaftlichen Regeln belegen können. Ob beim vorsätzlichen Urinieren in den nachbarlichen Vorgarten nach literweise Verzehr von billigem Schädelpils oder beim initiierten Schwarzfahren in der U-Bahn, Hauptsache ist doch Opposition!

Als Künstler hat man einen anderen Blick auf die bestehende Weltordnung, denn man steht auf einer höheren Stufe der Evolution und betrachtet den Rest der Menschheit als unterwürfige, bemitleidenswerte und armselige Würmer.

Die meisten Musiker inszenieren ihre Exzentrik zwanghaft vorsätzlich und dieses Gebaren um das vorgetäuschte Anderssein gilt es auf Fotos darzustellen, und zwar mit einem überheblichen und verachtenden Gesichtsausdruck. Man schaut also beim Fototermin möglichst böse und finster, wenigstens aber gleichgültig, um der restlichen Welt dadurch zu demonstrieren, dass einem echtem Musiker die Gesellschaft am Allerwertesten vorbei geht.

Kapitel 20)

Größenwahn und Parallelwelten

Irgendwann hat es man es als Cover-Band geschafft, nämlich dann, wenn der örtliche Motorradclub beim Manager der Band anruft – und nicht umgekehrt – und nachfragt, ob die Band bei den diesjährigen „Open House Days" nicht live aufspielen kann.

Kurze Zwischenbemerkung: „Open House Days" werden von den Moppedclubs vor dem Hintergrund veranstaltet, der in nächster Nähe zum Clubhaus wohnenden Bevölkerung vorzugaukeln, man habe Mitleid für die Lärmbelästigung durch die Motorräder. An solchen Tagen darf auch jedes Nicht-Clubmitglied ungestraft das Vereinsgelände betreten und mit den Bikern Party machen. Man muss auch nicht fürchten, gleich vermöbelt zu werden, wenn man der rattenscharfen Freundin des Präsidenten einen schmachtenden Blick zuwirft.

Dennoch für Besucher solcher Events hier ein guter Rat: Gucken ist erlaubt; Anfassen besser nicht. Das gilt übrigens noch mehr für die anwesenden Motorräder.

Eine gewisse lokale Präsenz ist erreicht, wenn beim jährlichen Stadtfest die Band durch den Kulturvorsitzenden automatisch gesetzt ist und kein regionales Autohaus ein neues Fahrzeugmodell ohne Verpflichtung der Truppe vorstellt.

Beim Einkauf werden die Musiker von den örtlichen Ratsmitgliedern und langjährigen Einwohnern erkannt, die Sologitarre wurde in der Fußgängerzone sogar schon von einem Teenager um ein Autogramm gebeten.
Der Gipfel der lokalen Popularität ist, wenn der Frontmann in der Neujahrsausgabe der Heimatzeitung einen kurzen Kommentar zum neuen Jahr abgeben soll.
Die Coverband, einst gestartet als Trümmertruppe im feuchten Kellerraum nahe der Mülldeponie am Ende der Stadt hat, ist nun etabliert und eine anerkannte kulturelle Institution im Landkreis.

Für die Musiker beginnt nun eine harte Prüfung, denn es gilt, die Bodenhaftung zu wahren. Prominenz ist manchmal wie Zuckerwasser, und so mancher vergisst dabei, dass er Diabetiker ist.
Nicht jeder Telefonanruf kommt also von einer amerikanischen Plattenfirma. Es könnte auch der Schuldirektor sein, der sich über das flegelhafte Benehmen des Nachwuchses beschweren möchte. Man kann sich also auch weiterhin ruhig mit seinem urkundlich eingetragenen Namen am Hörer melden.

Auch sollte man den vermeintlich lasziven Blick der Klamottenfachverkäuferin nicht zwangsläufig als Aufforderung zu einem erotischen Abenteuer deuten. Wahrscheinlich verdreht die Dame die Augen nur deswegen, weil sie sich wundert, wenn jemand mit unübersehbarer Konfektionsgröße XXXL eine Jeans mit Bundweite 32 anprobieren will.

Weitere Anzeichen des einsetzenden Größenwahns sind Forderungen nach gegrillten Hummerscheren, Carpaccio und Chablis im Backstage-Bereich und dass die An- und Abreise zur Bühne mittels Hubschrauber erfolgen muss. Man ist noch lange kein weltbekannter Rockstar, nur weil beim sonntäglichen Brötchenholen eine Schrippe mehr in der Tüte liegt als man bezahlen muss.

Zudem bringt eine gewisse Popularität auch Nachteile mit sich. Das seit Jahren gepflegte wöchentliche Besäufnis mit den Kumpels in der Stammkneipe macht einfach keinen Spaß mehr, wenn der Wirt die ganze Orgie heimlich mitschneidet und anschließend an den regionalen Fernsehsender verhökert.

Und das bis dato einfache intime Ausleihen eines Pornos in der örtlichen Videothek avanciert zur Mutprobe, wenn die bis dahin schützende Anonymität dann nicht mehr gegeben ist.

Kein Rockmusiker, der ernst genommen werden will, kann beim Discounter Erdbeerjoghurt mit rechtsdrehenden Bakterien kaufen, geschweige denn, sich in der Apotheke Rabattmarken für Hämorridensalbe kleben lassen oder – noch schlimmer - sich ein Fahrrad mit Elektromotor anschaffen. Das würde an seinem Image als harter Mucker erheblich kratzen und macht ruckzuck in der Kleinstadt die Runde.

Und mal so wie früher bequem in Schlabberhose und T-Shirt um den Teich im Stadtpark spazieren geht dann auch nicht mehr. Die obligatorische im Schritt kneifende Lederhose, die sauschwere Kette um den Hals und der Nietengurt mit scharfkantigen Dornen am Arm sind nun Statussymbole, mit denen jeder anständige Rockmusiker quasi verwachsen ist und ohne die er sich öffentlich nicht mehr zeigen kann, ohne sein Gesicht zu verlieren.

Selbst Nüchternheit kann unabsehbare Imagefolgen haben, denn wer als Rockmucker nicht nach Alkohol oder Drogen riecht, wird ruckzuck in unbeliebte Schablonen gedrängt. Schnell entstehen da Gerüchte wie „die machen jetzt Schlager und Volksmusik".

Kapitel 21)

Lebenspartner

Man glaubt es kaum, aber auch die durchgeknalltesten Covermusiker haben manchmal Lebenspartner. Was verwundert, denn das Zusammenleben mit einem Musiker ist wahrlich kein Leben auf dem Ponyhof.
Nicht selten springt der Mucker mitten in der Nacht auf, um den Riff, den er gerade geträumt hat, auf Band aufzunehmen. Das geht nur mit mindestens 90 Dezibel, weil der Sound halt wichtig ist. Rücksicht auf den Partner, der noch Schlaf und Ruhe brauchen könnte, weil er um 4 Uhr morgens schon aus den Federn muss, kann man vergessen.

Die gemeinsame heimelige Wohnstube, die sich die Dame des Hauses als Ort kuscheliger Abende auf dem Plüsch-Sofa, mit Hagebutten-Tee, Rosenblüten-Duftkerze, elektrisch heizbaren Socken und verträumten Anschauen der DVD „Dirty Dancing" vorstellt, ist in der Regel nur Illusion.

Stattdessen lümmeln sich Abend für Abend unrasierte, Wasser und Seife ablehnende Typen in armseligen Klamotten auf dem Sofa, legen ihre löchrigen Stiefel ungeniert auf den gläsernen Couchtisch, betrinken sich hemmungslos und rauchen wie die

Kesselflicker, dass die frisch gewaschene Gardine nach kurzer Zeit aussieht wie ein Relikt aus Kaiser Wilhelms Jahrhundert.

Möglichkeiten zum Schmusen oder etwa sanfte Gedichte ins Poesie-Album zu schreiben bleiben da kaum. Stattdessen werden Knoblauch-Buletten gebraten, kaltes Bier serviert und brennende Kippen vom Flokati-Teppich aufgesammelt, bevor diese die Bude in Brand setzen.
Gesprächsthema ist auch nicht die bröckelnde Beziehung ihrer besten Freundin, das unmögliche Kostüm ihrer Vorgesetzten oder die Planung des gemeinsamen Urlaubs auf Malle. Diskutiert wird einzig über das neu einzuübende Stück, das der Band nun endlich den kommerziellen Durchbruch bringt.

Partner von Musikern sind somit bedauernswerte Minderheiten, die uneingeschränkte soziale Fürsorge und besondere Anerkennung erhalten sollten. Nicht selten finanzieren sie nämlich durch regelmäßige Arbeit die künstlerischen Ambitionen ihres Partners, der sich nur dann kreativ und künstlerisch entfalten kann, wenn ihm die Last der finanziellen und operativen Lebensführung erspart bleibt.
Das beweist auch die Historie, oder hat schon mal einer Lemmy von Motörhead beim Abwaschen oder Mülltragen gesehen?

Trotzdem ist nicht alles tadelnswert, denn Partner von Musikern haben auch besondere Privilegien und Eigenschaften. Sie dürfen bei den Gigs ganz vorne an der Bühne stehen und haben uneingeschränkten Zugang zum Backstage-Raum, auch wenn das im Amateurbereich in der Regel nur eine 5 qm große Besenkammer ist.

Die Partner kennen die Setliste auswendig, das schaffen nicht mal die Musiker selbst, sonst würden sie ja nicht ablesen.

Musikerpartner werden häufig auf den CD-Umschlägen oder bei der Bandvorstellung mit genannt: *"Danke auch an mein Mauseschwänzchen, ohne dich und deine galaktisch leckeren Häppchen wäre dass alles gar nicht möglich geworden."* Soviel öffentlich präsentierte Dankbarkeit entschädigt auf Jahre für die bisher erlebte entbehrungsreiche Beziehung.

Zu erkennen sind die Partner der Musiker auch relativ leicht, sie sind nämlich die einzigen Besucher, die T-Shirts mit aufgedrucktem Namenszug der Band tragen.

Kapitel 22)

Zum Schluss

Am Ende der Vorstellung gehört es sich für eine ordentliche Band, sich anständig vom Publikum zu verabschieden.
Es gilt dabei, einige grundsätzliche Punkte zu berücksichtigen. Der Adrenalinspiegel ist bei den Musikern zum Teil derart hoch, dass die Realitäten nicht mehr erkannt werden und die Band total durchdreht.

Wichtig ist zum Beispiel, sich nicht an zweifelhaften Vorbildern zu orientieren, die ihre Instrumente nach dem Gig zertrümmert haben und dieses grundsätzliche nicht zu begrüßende Verhalten als Kunst erklärt haben.
Es empfiehlt sich auch, das T-Shirt anzulassen, wenn man statt Waschbrettbauch aussieht, als hätte man einen Basketball verschluckt. Mit so was verschreckt man möglicherweise auch noch die letzten weiblichen Fans.
Ferner gilt, Headbanging mit Halbglatze sieht nicht wirklich geil aus und ein Spagat ist eine schwierige Turnübung, die nur mit entsprechender Vorbereitung vollzogen werden sollte. Was nützt die elastische Stretch-Jeans, wenn die Gelenke knacken und der Schmerz den Rücken erreicht.

Vorsicht auch, wenn man meint, den vermeintlichen Fans etwas zuwerfen zu müssen, etwa getragene Unterhemden oder Schweiß triefende Stirnbänder. So was funktionierte in den 60zigern bei Led Zeppelin, aber heutzutage ist die Welt steril. Die Folge ist, dass die Klamotten ungeachtet liegen bleiben und von der Stadtreinigung als Sondermüll entsorgt werden müssen.

Auch im umgekehrten Fall, wenn etwa Fans Büstenhalter oder Slips auf die Bühnen werfen, sollte ein gewisses Maß an Misstrauen vorhanden sein. Herpes entsteht manchmal schon von weniger als vom genussvollen Riechen am getragenen Schlüpper.

Am unschädlichsten und einfachsten bei Ende des Gigs ist es daher, die Musiker stellen sich nebeneinander auf, haken sich ein und verneigen sich gemeinsam vor dem Publikum. Das Verletzungsrisiko ist relativ gering und kein Mitglied der Truppe wird bevor- oder benachteiligt.

Falls die Truppe den Auftritt einigermaßen zufriedenstellend über die Runden gebracht und sich deshalb nicht heillos zerstritten hat, wird anschließend noch gemeinsam das Equipment abgebaut und im Tourbus verstaut.

Angesichts des gefühlt großartigsten Auftritts aller Zeiten wollen nun alle feiern und sich standesgemäß betrinken. Von

Vorteil ist es daher, wenn vorher ausgemacht wurde, wer zurück fährt.
Es folgt die unvermeidliche stets nach gleichem Muster ablaufende Manöverkritik. In jeder Band gibt es den Meckerkopf, der auch nach dem perfektesten Auftritt immer noch irgendwas finden wird, was zu bemängeln ist. Mal war das Tempo in einem Song zu schnell, mal zu langsam. Dann war der Sound beim Solo zu dünn, dafür die Bassdrum des Schlagzeugs zu laut. Die Nebelmaschine hat zuviel Nebel produziert, das Licht entweder zu hell oder zu dunkel.

Mit Sicherheit hat einer der Musiker sich selbst überhaupt nicht gehört, während der Andere den Soundmixer über den Klee ausdrücklich lobt.
Der Sänger meint, trotz der unzähligen Kippen, die er während der Show weg gequarzt hat, auch beim letzten Song noch supergut bei Stimme gewesen zu sein.
Und einer ist immer dabei, der selbst eklatanteste Fehler mit der lapidaren Bemerkung „ *... ist doch sowieso alles nur Blues ...*" abtut.

Zudem sind immer die anderen schuld. Entweder war das Publikum mies drauf, weil es während der Show aus unerklärlichen Gründen nicht total ausgeflippt ist oder – auch immer gerne genommen – das Wetter, das während des

Gigs entweder zu warm, zu kalt, zu windig, zu regnerisch oder zu trocken war.

Sei`s drum, wenn der Covermusiker dann nach dem Gig im Morgengrauen auf der Terrasse oder Balkon sitzt und bei einer letzten Zigarette der Sonne beim Aufgehen zuschaut, klingelt und pfeift es noch ordentlich in den Ohren.

Und es bewahrheitet sich mal wieder die alte Musikerweisheit:

Nichts ist so schlimm wie das unerträgliche Gebrüll der Vögel!